U0919943

首都师范大学2019年本科教学建设与改革项目(教学改革研究)
“中国教育史教学促进教育学本科生优秀传统文化素养的生成研究”成果

中国教育史研究学子文萃

杜 钢 主编

图书在版编目(CIP)数据

中国教育史研究学子文萃/杜钢主编. —北京：首都师范大学出版社，2019.12

ISBN 978-7-5656-5373-5

Ⅰ.①中… Ⅱ.①杜… Ⅲ.①教育史—中国—文集 Ⅳ.①G529-53

中国版本图书馆 CIP 数据核字(2019)第 263481 号

ZHONGGUO JIAOYUSHI YANJIU XUEZI WENCUI

中国教育史研究学子文萃

杜　钢　主编

责任编辑　王兰玉

首都师范大学出版社出版发行

地　　址　北京市西三环北路 105 号

邮　　编　100048

电　　话　68418523(总编室)　68982468(发行部)

网　　址　http://cnupn.cnu.edu.cn

印　　刷　北京虎彩文化传播有限公司

经　　销　全国新华书店

版　　次　2019 年 12 月第 1 版

印　　次　2019 年 12 月第 1 次印刷

开　　本　710mm×1000mm　1/16

印　　张　10

字　　数　149 千

定　　价　26.00 元

前 言

本书系首都师范大学教育学院教育学本科生在中国教育史研究方面所撰写的课程论文与学位论文的精选集，同时也是首都师范大学2019年本科教学建设与改革项目(教学改革研究)“中国教育史教学促进教育学本科生优秀传统文化素养的生成研究”的成果。全书由《道、学、政：从内圣到新外王》等7篇课程论文及《〈论语〉中的孔门师生关系》等4篇学位论文所组成。各篇论文编选入本书时，在力求保持原貌的基础上均进行了一定程度的修改与完善。限于篇幅，对入选的四篇学位论文的绪论部分(主要包括研究意义、文献综述、概念界定与研究方法等内容)均予以删略，只保留了论文的主体部分。选文涉及到的研究主题基本涵盖了中国教育史研究领域的一系列重要命题，体现出较好的代表性。

内圣外王之道堪称是中国传统文化和教育的根源与旨归所在，从某种程度上来说，围绕内圣外王之道而展开的中国教育史专题研究，即可视作是中国教育史的总纲类研究。方家辉的《道、学、政：从内圣到新外王》一文，即属于此。该文的研究，有两方面是值得关注的。一是着眼于从“道、学、政”三者贯通一体的角度来审视其与内圣外王之道之间的互动关联；另一是将“统”的特质援入“道、学、政”与内圣外王之道的互动关联之中，从道统、学统与政统动态变迁的视角来剖析内圣外王之道的与时俱新性。内圣外王之道的说法，最早出自《庄子・天下篇》，其意在阐明古之同源一体的大道将为天下所裂的现实。而至于《大学》中的修齐治平之道，《中庸》中的中和位育之道，以及《礼运》中的天下为公之道，也均是与内圣外王之道的精神旨趣若合符节的。究其实质，无不是以圣贤人格之培养与大同社会之造就的内外一体化理想目标的达成为最终价值追求。正如文章中所呈现的，在努力追求内圣外王理想化目标实现的漫长历史进程中，“道、学、政”三者扮演了至关重要的角色，发挥了不可替代的作用。其中，道为本体性依据，学为基础性支撑，政为关键性保障。三者相辅相成且各成统系，并相互融通和影响。这种状况的产生和变化，逐渐凝合为中国传统文化和教育的一贯发展特征，也成为我们一探中国传统文化与教育之堂奥所必究的枢要所在。

传统教师问题是中国传统文化与教育研究中的一类重要命题，而诸如师道及著名教师人物等问题则又是其中备受关注的研究焦点所在。康智钰的《从师与道的关系看师道尊严》、王春雨的《〈论语〉中的孔门师生关系》、王子聪的《王守仁教育学说在弟子承传中的分化》等文章即是对此所做的相关研究。

《从师与道的关系看师道尊严》一文指出，尽管师是以道为存在依据的，但其能否始终如一地合于道和奉行道，才是师道尊严得以真正获取的肯綮所在。毋庸置疑，师道尊严是中国传统教师问题中的核心问题，而对该问题的探究，则又须以对师道以及师与道的关系等问题的解析为前提和基础。康智钰文章的研究运思即是依此逻辑理路展开的。此外，该文强调，即便大家可以对道究竟为何的质问达成统一意见，但归根结底，对于道的切实体认还是要立足于自身。因此，师者立定于道的根本方式乃在于不断提高自身修为。这亦是值得深思的研究视角。

关于孔子教师问题的研讨，虽已不胜枚举，但仍可常研常新。《〈论语〉中的孔门师生关系》一文，采用对《论语》原始文本进行深入解读的方式，以期探明孔门师生关系的真相。该文指出，孔门师生关系的构建原因及表现形式均是多样化的，不宜一概而论。而在孔门师生关系的形成与变化中，孔子的核心地位和影响则是不容置疑的，突显孔子对孔门师生关系确立的决定性作用，其实也并无碍于孔门师生之间的平等性与互重性的体现，反倒更能有本可依地去解析孔门师生关系的原貌。进言之，该文带给我们研究孔子教师问题的启迪即在于：一是要切实立足于对《论语》这个原始文本的周详而精细的解读；二是要牢牢抓住孔子这个灵魂人物，以孔子为枢纽和关要展开对相关问题的深入探讨。换言之，这实质上也就是在孔子教师问题研究中，对以《论语》为文献之本与以孔子为人物之本的双本位研究方略的设定与执守。

明代阳明心学的崛起打破了程朱理学一家独尊的格局，王守仁的教育影响力日益增强，投教其门下的弟子数量也随之增多起来。在此过程中，弟子们在对王守仁教育学说的领受和承传上却并未形成整齐一致的局面，而是出现了一定程度的分化状况。《王守仁教育学说在弟子承传中的分化》一文即对此问题作了专门研究。该文主要从四句教、知行合一、施教与为学等角度切入，详细论析了导致王守仁教育学说在弟子承传中分化的原因和表现，而诸如个体特质和社会影响等则是造成分化的主因，分化不仅表现在师生之间，也表现在同门之间。文中指出，分化倒不必定然视作是弟子们对王守仁教育主张的背弃疏离与改弦易辙，更为本质的乃是弟子们各因其人、时、事而异地对王守仁教育学说的差别化体认与发挥而已。这样的解析思路，是颇有见地的。

一般认为，儒家文化和其教育理念代表着中国传统文化与教育的主流，但不容忽视的是，法家文化与其教育亦在中国传统文化与教育之林中占据着重要一席。可以说，在数千年的传统社会中，法家的影响不仅一直存在，而且不可低估。因此，从某种程度上而言，不谙熟法家文化与其教育的精髓便很难窥得中国传统文化与教育的真貌。

贺虞瑶的《韩非的法制教育思想分析》一文，将研究视角聚焦于法家教育学说最具代表性的人物韩非之上，对其法制教育思想进行了深入解析，这项研究可为我们更好地理解法家文化与教育的特质提供一定参考。该文指出，韩非作为一个身处弱肉强食、霸道为尚的战国乱世中的志在匡济天下苍生但却一无所用的孤特公子，其法制教育思想的形成乃是个人境遇与历史时势共同作用的结果。文章对韩非法治教育思想的分析是具体从性恶论的人性论基础、兼通儒道法三家的学术渊源、追求高度集权统一的政治取向、以法为教及以吏为师的核心教育诉求等几方面展开的。应当说，这样的分析角度对韩非法制教育思想特质的呈现是较为全面和透彻的。其中的要点在于，韩非并不否认对以道德自律和精神感化为凭借的适然之善的超越性价值的追求，但他更赞成对以法制他律和功利激励为依托的必然之道的现实性价值的获取。在韩非看来，前者的落实只能是小众化的选择，后者才具有大众化实现的可能，而在当时的社会背景下，对于那些志在争霸图强的君主来说，在两者之间如何做出取舍，自是显而易见的了。此外，对韩非法制教育思想历史命运的检视，势必不能绕过秦王嬴政赏用其说并终得一统天下的事实，这种戏剧性的结局似乎也正与韩非本人际遇的蹇促不济形成鲜明反差。但正如文章中援引梁启超先生评价韩非时所讲得那样，“彼盖一极倔强之人”，可“哀其遇”，须“敬其志”。无论怎样，对韩非其人其说保持足够的历史敬意，都是不为过的。

作为中国古代最高学府的太学创立于汉武帝元朔五年(前 124)，此后历经两千余年的发展变迁，直至清光绪三十一年(1905)以国子监身份被正式废除。可以说，太学在中国古代学校史中的地位和影响是独一无二的，而关于太学的研究亦可视作是中国古代学校研究的轴心所在，抓住这个轴心，整个中国古代学校的研究也便主次分明、条贯顺承了。

陈雨的《汉代太学博士制度考析》一文采用制度分析的视角，对汉代太学博士问题进行了专门研究。文章主要着眼于汉代太学博士的选拔、待遇和教学等三个方面的具体制度问题展开考析。该文在研究中始终依循着一条清晰的逻辑主线，即，汉代太学博士制度的政治规定性及其与政治治理的互动关联。无论是太学博士的选拔、待遇还是教学，本质上均是国家政治治理的现实需求在太学博士制度设计与实施中的具体反映和表现，即便是关乎学术与专业问题的定位与落实，也是要确保其应具有充分政治合理性的。但要引起注意的是，汉代太学的这种博士制度模式实质上已与先秦时期太学的官师制度存在显著不同，最突出的一点即在于太学博士的来源更加开放和多元，平民阶层中的精英分子已有更大的权利和机会参与其中，并最终能够脱颖而出、得偿所愿。这背后起作用的乃是从先秦贵族世袭制到汉代平民选拔制的政治治理模式的转化。厘清这种从先秦到汉代政治治理模式时代转化的特点和影响，对于审视和剖析汉代太学博士制度问题的本质是至关重要的。

家学与家庭教育是中国传统文化与教育领域中的另一类基本命题，尤其是在根深蒂固的家国同构文化与教育传统影响之下，这类教育命题的重要性其实丝毫不亚于学校教育，甚至有过之而无不及。而汉魏六朝则是中国传统家学与家庭教育发展的大繁荣时期，这种状况的形成与该时期门阀士族集团的兴起与壮大息息相关。与此形成鲜明对照的是，学校教育的影响则在此一时期有所式微，尤其是在魏晋南北朝以九品官人法为主的选举制度实施开来之后，晋身仕途更多地是依靠家庭出身的先天优势，对于那些来自名门世家的士族精英而言，凭借以家学和家教世代相传的为官出仕的知识、技能与经验纵横捭阖于官场政界，似乎更显左右逢源、游刃有余。此外，即便是在其他专业领域，诸如文学、艺术与科技等，此一时期的出类拔萃者也多出自名门望族之家，且代代相承，长盛不衰。从某种程度上而言，对汉魏六朝家学与家庭教育问题的研究，可以起到对整个中国传统家学与家庭教育问题研究的统览与察微作用，从而使得我们对此类问题的研究既可识其大体，又可明其隐幽，做到周详细密，无所遗漏。

贺虞瑶的《汉魏六朝颍川荀氏家学研究》一文指出，颍川荀氏是汉魏六朝最为著名的名门望族之一，其家学颇具代表性。而荀氏家学得以形成的影响条件和因素则颇多：诸如，颍川郡的历史地理、民俗文化、教育传统和学术风貌等。于中我们尤须关注颍川一郡各族家学相互间的通络来往，这种更加庞大和深厚的集团式家学文化与教育的繁荣和互动，对于荀氏家学的发展而言，是得天独厚的资源优势。该文主要研究了荀氏家学的两个基本领域——道德教育与经史礼法教育。其道德教育的核心在于谋求和确立宗族内外的和睦、帮扶与守望，而经史礼法教育则重在奠定荀氏子弟熟通经史与兼修礼法的知识与品格基础，并养成其入世为官的刚柔并济与经世致用的为人做事风格。其实，荀氏家族之所以能够在汉魏六朝人才辈出、长屹不倒，也正是家学与家庭教育一以贯之地不懈实施与所取得成就使然。

张文宇的《家学影响下的魏晋士族子弟生活研究》一文从精神生活、政治生活、教育生活、社会生活、家庭生活等角度切入，对家学影响下的魏晋士族子弟生活进行了探究。文章指出，魏晋士族子弟生活的诸方面，并非是割裂存在、各自为政的，而是密切关联、互动一体的。具体而言，在家学影响下，精神生活作为内在依据，乃是士族子弟的立身之本和成人之基；政治生活则是士族子弟实现精神理想的基本实践方式；教育生活则主要表现在家学传播与家教实施上，其乃是士族子弟获取政治晋身所必需的知识与经验的来源与途径；社会生活则颇具魏晋风尚，重在激扬清雅才情和彰显名士风范，并于其中体现士族子弟在精神、政治、教育等方面所受的潜移默化影响；家庭生活则力求遵循伦理纲常，严守礼法名教，并将之弥散至社会普遍层面，产生敦化风俗的深广影响。总体来看，家学本身及其之于魏晋士族子弟生活所产生的全面影响，历经累世相传，融凝成一种弥足珍贵的家庭文化资源，并形成绵延不息的优良家风，不断滋养和熏陶着士族子弟的成长，这对当下家庭教育而言，亦是可资借鉴的宝贵历史经验。

张可煜的《列女与贤媛——范晔与刘义庆家庭女子教育观之比较》一文以《后汉书·列女传》和《世说新语·贤媛》为文本依据，对范晔与刘义庆的家庭女子教育观进行了比较分析。文章指出，范晔的《后汉书·列女传》与刘义庆的《世说新语·贤媛》其实均可导源于西汉刘向的《列女传》，但范晔与刘义庆在对各自列女与贤媛等理想化女性形象的塑造和追求以及相关家庭女子教育观的具体阐发上，在保持基本的同源相似性的同时，却又因着时代风气的转变，体现出一定程度的不同。二者虽均重视培养和塑造德才兼备的理想化家庭女子形象，但有所差别的是，范晔更倾向于对女子的贤淑敦厚的淑女品性的执守，而刘义庆则更偏重于对女子的清奇脱俗的才女气质的凸显。相较而言，刘义庆的家庭女子教育观比之范晔体现出更强烈的对女性自我与主体意识的张扬，这背后所反映的其实也正是自两汉至魏晋，社会与时代共同演进下的家庭女子教育样态的新变化。这也提示我们，对中国传统家庭女子教育历史发展进程问题的审视和对待，不应视之为静态僵化乃至一成不变的，而应采取动态演进、常变常新的态度和立场来处理。

钱氏一族，自五代吴越国钱镠时始，至近现代钱基博、钱锺书父子时止，历经一千余年的发展变迁，其家族可谓人才济济，连绵不绝，精英辈出。这种状况的形成，与钱氏家族独具特色的家教模式及代代相续的家教传统存在着密不可分的关联。尤其是在传统社会向近现代社会的转轨时期，钱氏家庭教育也发生了与时俱进的变革，这一点，通过钱锺书父子的案例，可以看得很清楚。陈雨的《无锡钱氏家庭教育研究——以钱锺书父子为主》一文即以此为主题，进行了专门研究。文章重点关注的，是由钱锺书父子案例所体现的钱氏家庭教育融传统与现代以及中国与西方于一体的转轨进程的演变及其核心特质在这一进程中的更迭新成。此外，文章特别指出，钱氏家庭教育之所以能够在漫长的发展进程以及巨大的时代转换中不断取得成功的关键在于：一方面，家庭教育的目标明确、内容正确和方法科学；另一方面，始终保持对家庭优秀传统特质的不懈坚守并善于与时俱进，不断吸纳新鲜家教养料。再就是，文章强调，当下的家庭教育亦可从以钱锺书父子为典型案例的钱氏家庭教育中汲取诸多价值和启示。比如，明确并坚持家庭教育以立德树人为本的价值取向；注重家庭教育整体资源的有效整合与运用，最大程度地发挥家庭资源对学校教育、社会教育等其它资源的补充、配合和优化功能；努力构建与营造和谐友爱的家庭环境和家教氛围，为家庭教育的顺利开展提供良好平台和有力保障。可以说，以钱锺书父子为代表的钱氏家庭教育堪称中国优秀传统家庭教育模式成功实现现代转化的典范。即便在当下，钱氏家庭教育依然焕发着无穷的生机与活力，钱氏一族的众多子弟，也仍以社会精英的身份活跃在天南海北、各行各业。而钱氏家庭教育所带给我们的不尽启迪和思考也仍将继续。

长期以来，隶属于亚洲儒家文化圈的新加坡的家庭教育也深受中国儒家文化的影响，而从新加坡家庭教育对于中国儒家文化营养价值的吸收和利用及所取得的成效来看，也足证其是深谙“它山之石，可以攻玉”之道，而我们亦可通过儒家文化对新加坡家庭教育影响问题的探究，来使这种本出于己的营养价值更好地反哺于己。张睦函的《儒家核心文化价值观对新加坡家庭教育的影响》一文即着眼于此进行了相关探索。文章以仁爱观、孝悌观、忠恕观、礼义观、廉耻观等一系列儒家核心文化价值观为基本切入点，详细探讨了其对新加坡家庭教育的深入影响。文章指出，新加坡虽是一个多元文化汇聚融合的国家，但因着华人人口数量始终占据多数的天然优势，加之由来已久的儒家文化在新加坡的潜滋暗长与沉淀积累，更由于李光耀等国家领导人通过政府力量大力推动儒家文化在新加坡各个层面与领域发挥积极影响的治理举措，儒家核心文化价值观在新加坡家庭教育中的落地生根与发生影响，便是水到渠成和顺理成章的了。同时，从文章的分析中可以看出，新加坡家庭教育中对儒家核心文化价值观的理解和运用，并非虚张声势、流于形式，而是颇重效验、务求实效的。此外，即便是新加坡家庭教育非常重视对儒家核心文化价值观的吸收与利用，但却也并未因此丧失主体性地盲目去墨守成规、生搬硬套，而是努力地去立足自身、灵活变通地来对待和发挥儒家核心文化价值观的作用，使其能够真正服务于新加坡家庭教育的发展与完善。凡此种种成功经验，都是值得我国当下的家庭教育所认真参考和借鉴的。

中国教育的历史源远流长、影响贯通古今，底蕴深厚、生机蓬勃，数千年来，生生不息，新新不已。中国传统教育既是中国传统文化的基本组成部分和典型表现形式，又是促成中国传统文化生长、变革与创新的重要力量和载体。可以说，探明中国传统教育的核心特质和变迁规律，也便找到了一把开启中国传统文化堂奥之门的钥匙。因此，精心选择一系列中国教育史的重要问题展开专门研究，对当下教育学本科生文化自信的树立与优秀传统文化素养的生成而言，不啻为一条可行途径。本书所集萃的诸篇文章，也正是从这样的目的出发，付诸实践探索后阶段性的成果展示与经验反映。希望这样的探索是有价值的，也期待能将之继续向前推进！

目　录

上编　课程论文

下编　学位论文

上编　课程论文

道、学、政：从内圣到新外王

方家辉

摘　要：本文以“道”的统绪，即“道统”为线索。首先，在内部观审“道”的起源、发展阶段和困境解决，从早期“道”的发源来看到其中的基本原则——“人弘道”。进而结合金岳霖的论道观点，从“式——能”的必要来论证对“道”外部考量的必要性。在外部考量中，将“道”扩大为“道统”，将其放置于“道、学、政”三统中去考量，与教育、政治建立联系。最终回归到从内圣开出新外王的现代儒学任务，从教育中圣哲观的培养和民主的建立来提供一种弘道的可能，并论证这种“可能”的内外统一性。

关键词：内圣外王；道；道统；学统；政统

一、内部观审：“道统”的发展和诠释

韩愈正式提出了“道统论”，以韩愈为原点便可以追溯“道”和“道统”的含义。他在《原道》中写道：“斯吾所谓道也，非向所谓老与佛之道也。尧以是传之舜，舜以是传之禹，禹以是传之汤，汤以是传之文、武、周公，文、武、周公传之孔子，孔子传之孟轲，轲之死，不得其传焉。荀与扬也，择焉而不精，语焉而不详。”中华道统思想兼容并包，包括多种“道”的思想，而韩愈所推崇的是“儒道”——以儒学为贯穿的道。然而，这种道从周公发源，一直拥有传承和接续。

（一）道的前儒学阶段：从尧舜到周文

由周公而上，上而为君，故其事行。韩愈在《道统》表达的是，从周公以上，继承道的都是在上做君王的人，所以儒道能够实行；从周公以下，继承的都是在下做臣子的人，所以他们的学说能够流传。此时，儒道处于初期阶段，内圣之学仍未被系统建立和解读，所以这一时期的“道”的存在形式主要是“外王”。按照牟宗三的看法，内圣“即是内在于每一个人都要通过道德的实

践做圣贤的工夫”，外王“即是外而在政治上行王道”。[①] 可见，“道”的最初生成并不具有一定先验、理论性质，“道”是在外王的王道政治中被建构出来。所以我们可以在《论语·尧曰》中看到这种使命传承下的“道”的思想萌发。“尧曰：咨尔舜，天之历数在尔躬，允执其中，四海困穷，天禄永终。”又如《尚书·大禹谟》中的记载：“人心惟危，道心惟微，惟精惟一，允执厥中。”这种“中正之道”随着历史的推进，逐步由二帝三王发展为周文。周文便是指以亲亲和尊尊为代表的伦理道德规范及礼乐制度。周公在此基础上制礼作乐，奠定了儒家中的“礼治”思想，融合宗教与政治。正如牟宗三所说：“夏商周三代历史之演进，可视为现实文质之累积。累积至周，则粲然明备，遂成周文。周文一成，以其植根于人性及其合理性，遂得为现实的传统标准。”[②]

（二）道的发展与困境

“子曰：周监于二代，郁郁乎文哉！吾从周。”在《论语·八佾》中，孔子明确表达了自己以“从周”为己任，接续着道。孔子之道的核心便是“仁”。“仁”是如何而来？牟宗三认为这源于反省，即一种自觉地解析。“由亲亲尊尊之现实的周文进而予以形上之原理”，由亲亲尊尊而悟入，孔子将他转化为“爱人”之道——“仁”。正如孟子在《孟子·离娄上》中所言：“孔子曰：道二，仁与不仁而已矣。”孔子“叩其两端”，指出“道”有二端，仁之道与不仁之道，而承载这种“道”的“道者”便是君子和小人。如果说“仁”是孔子对道的新诠释，那么天命和中庸思想便是对前儒学阶段的延续。实际上，孔子仰慕二帝三王到周文的“外王”，其对于先辈之“道”的发展着力点就在于“内圣”的精神和哲学层面，二者结合便形成一种更完整的“道”的思想——“内圣外王”。从孔子人生经历来看，作为一个思想家、教育家和“圣人”，他自己无疑完成了“内圣”，其实他自己在现实生活中也没有完成“外王”，而是通过教育来间接实现……。总之，“现实的周文以及前此圣王之用心及累积，一经孔子戡破，乃统体是道”，[③] 这是孔子对“道”的意义诠释。

其实，孔子做出的更重要的贡献，便是唤醒了我们解读“道”的形而上思路。孔子在《论语·卫灵公》中指出：“人能弘道，非道弘人。”孔子重人事而轻天命，明确提出了弘道过程中，也就是在一种文化核心的发展中人应该是能动的、创造的。但在孔子后的儒学发展中，荀子却没有将“道”在实体上完成

---

① 牟宗三．牟宗三全集：10政道与治道[M]．台北：联经出版事业公司，2003．新版序：13—14．

② 牟宗三．牟宗三全集：9历史哲学[M]．台北：联经出版事业公司，2003：110—111．

③ 牟宗三．牟宗三全集：9历史哲学[M]．台北：联经出版事业公司，2003：110—111．

这样的人格化。“受时与治世同，而殃祸与治世异，不可以怨天，其道然也。”在荀子看来，“天”和“地”遵循着独立于人的意志的“道”，把资源提供给人享用，而未告知人们如何使用。至于发现适合于自己的“道”是人的责任，据此在社会中合作，为了自己的福利而利用这些资源。荀子那里也有一种残留的对自然神圣性的敬畏，他反对用占卜或祈祷来发现或影响“天”的意志的努力，是因为他把这种举措既视为人类处理自身事务的责任的退缩，又是对“天”的神秘性的亵渎。这也印证了韩愈批判荀子的“择焉而不精”和朱熹的“孔子传之孟轲，轲之死，不得其传”的说法。[①]

这样种种“道”的解读，恰恰将“道”推向了一个悬而未决的境地。“道”越来越神秘了。所以在儒学遭遇秦王朝的“非难”后，“道”的解读开始以天为最高范畴。葛瑞汉所著的《论道者：中国古代哲学论辩》中全书框架也表明了这一点：“道”经历了从社会危机上的天命秩序崩溃，到天人相分的形而上学危机，再到帝国和天人的再统一的过程。从董仲舒开始，儒学中道的神秘性被作为集权政治思想的发源，好像是“天”控制“人”在推动“道”，“道”亦“不行”，人却没有“乘桴浮于海”，而是被“道”统属着……

（三）“式—能”的必要

从孔子到荀子、扬雄，在“道”的诠释中，他们仅仅是“内部观审”，这无疑带来了困境。那么我们是否有必要从“内部观审”到“外部考量”呢？回归语义去寻找答案，“道”最初的原始意义为道路。“道，所行道也。”（《说文》）“一达谓之道路。二达谓之歧旁。”（《尔雅·释宫》）“道，蹈也；路，露也，言人所践蹈而露见也。”（《释名·释道》）从以上的语义解读，不难联想起在我们的认识中的“道”，不仅是自然遵从的道路，还是人遵从的道路。可是，“道”是源于“蹈”，路离不开“露见”，不然“道”便会是“歧旁”。或许从语义学上，我们能看出这种基于人的主体能动性的“弘道”需要。可能这种语义上的溯源逻辑性并不强，金岳霖认为，道是式—能。道有有，曰式曰能。道是二者之“合”，不单独地是式，也不单独是能。能与式之不可分既是必然的，则能必然在式之中，而式中也必然有能。而式与能的综合就是“道”。其中，“能”是主动地、积极地，能动性是其最重要的特性；而“式”是消极地、被动地。天地万物如果只有“式”而没有能，那么该事物只是可能而并没有现实。“能”不断出入于可能，从而与“式”结合，共相、具体、个体以及时空等得以呈现，可能世界由此过渡到现实世界。“能”是现实世界生成运动的动力和原因，正是由于能

① 葛瑞汉．论道者：中国古代哲学论辩[M]．张海晏，译．北京：中国社会科学出版社，2003：23.

的不断出入可能，整个现实世界才能够不断变化。[①]

综上，儒学上的“道”发源于二帝三王的“外王”之道，最终由孔子系统解读“内圣”之道，结合二者，完成“式—能”的结合，最终成为真正意义上的“道”。“道”是不断在时代中发展和构建的，但如果不遵从“人弘道”的原则便会离“道”越来越远，最终造成韩愈所认为的“失传”。

二、外部考量：道、学、政三统

在完成了“道”的内部审视后，外部的考量就变得更加必要。外部的考量从内部开出，需要更紧密地联系时代，做出空间意义上的构建。

（一）道、学、政的关联与困境

既然有“道”，又何来“道统”？“道统”二字的连用和提出见之于朱熹的《中庸章句序》，这对“道统”的正名和理论化具有重要意义。朱熹在系统地论述了道的传承统绪后，正式提出了“道统”二字。“自是以来，圣圣相承，若成汤、文、武之为君，皋陶、伊、傅、周、召之为臣，既皆以此而接夫道统之传。”[②]所以，在上一节明确了“道”的内涵后，“道统”亦能理解。正如牟宗三所说，“道统者，即道之统绪。”同时，他进一步阐明了“道统”的意义，“此为立国之本，日常生活轨道所由出，亦为文化创造之原。”[③]在历史上，韩愈的道统论可谓最具代表性，其标志便是《原道》一文。陈寅恪把韩愈的成就总结为六点，第一点就是“建立道统，证明传授之渊源。”[④]在韩愈的思想中其实我们能看到牟宗三“三统论”的萌芽。首先，韩愈在教育与道统之间建立联系。在《师说》中，韩愈指出：“师者，所以传道授业解惑也。……道之所存，师之所存也。…………鸣呼！师道之不复，可知矣。……闻道有先后，术业有专攻，如是而已。”韩愈针对佛、道教的盛行，呼吁儒学的重振，在这其中他不仅仅看到了教师对道的延续的至关作用，还看到了在师和弟子的教育活动中会有儒学之道复兴与创新诠释的可能。这样的教育活动关乎人，又关乎道，于是“道者”的概念也产生了。这便是儒学知识分子。关于儒学知识分子在古代中国的结构和功能，杜维明这样说道：“他（儒家学者）相信，通过自我努力人性可得以完善，固有的美德存在于人类社会之中，天人有可能合一，使他能够对握有权力、拥有影响的人保持批评态度。一般认为，儒家知识分子面对当时的

① 陈悦铃．金岳霖“能—动”思想研究［D］．上海：华东师范大学，2014：Ⅳ．

② 蔡方鹿．中华道统思想发展史［M］．成都：四川人民出版社，2003：355．

③ 牟宗三．牟宗三全集：9道德的理想主义［M］．台北：联经出版事业公司，2003：335－336．

④ 陈寅恪．金明馆丛稿初编［M］．上海：上海古籍出版社，1980：285．

权力结构显得相对软弱。”①

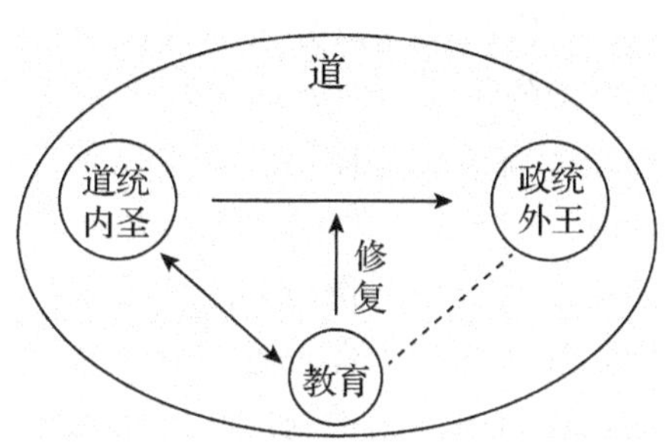

图1　在内圣开出外王中，忽略政统对教育作用

从孔子的丧家感、孟子无法与掌权者保持长久的关系一直到韩愈的时代，儒学的“道者”似乎一直在“内圣”阶段停滞不前。② 韩愈出于自己的政治抱负，隐秘地将道统和政治联系在了一起。以上为第二种联系，是道统和政治之间的。诚然，韩愈在《原道》中对统治者提出了“明先王之道以道之”的要求。其实，历史和儒学发展到这个阶段，二者也离理想状态越来越远。或许是因为，这一思想核心——内圣外王本身就不具有实践性，因为在思想关系中内圣总会先于外王，但是在历史发展中，外王总是社会权力的统属，内圣未完成，而外王先立。韩愈无疑是注意到了这样的问题——“由周公而上，上而为君，故其事行。由周公而下，下而为臣，故其说长。”这样的历史现实造成了“内圣”和“外王”在式—能层面上的紧张关系。所以一定程度上，儒学知识分子自身的使命感受到其自身的权力和话语权压抑，而他们也在尝试去修复。“儒家学者在公众形象和自我定位上兼具教士和哲学家作用，迫使我们认为他们不仅是文人，而且还是知识分子。儒家知识分子是行动主义者，讲求实效的考虑使其正视现实政治的世界，并从内部着手改变它。”③实质上，这样的修复就是韩愈在教育与道之间建立的联系。其实从孔子开始，就开始以教育来广泛地、“无类”地传播“道”，通过社会文化的兴起、阶层上升渠道的打通，用一种宏观上的“内圣”来促使“外王”的实现。所以，儒学不管是在思想上还是现实中都努力去做到一种“教育的垄断”，教育是从“内圣”通往“外王”的必经之

① 杜维明．道·学·政：儒家公共知识分子的三个面向[M]．北京：生活·读书·新知三联书店，2013：35.

② 杜维明．道·学·政：儒家公共知识分子的三个面向[M]．北京：生活·读书·新知三联书店，2013：18.

③ 杜维明．道·学·政：儒家公共知识分子的三个面向[M]．北京：生活·读书·新知三联书店，2013：18.

路。在宏观层面上，民众知“道”后会凝聚力量去保证自身受到的是“得道者”的政治；在个体层面上，儒家高级知识分子会直接与“王”对话，进行有效的干预。但是，现实是更复杂的，这样的处理无疑是又一次低估了“外王”的统属。孔子建立私学传道授业解惑，这样用教育来传道是可行的，作为独立的私学具有一定的思想自由。但是这样的私学不具规模，离儒者心中让整个社会得到教化的目标相去甚远。于是，我们看到了儒者开始借助国家政治力量以兴办中央和地方官学，统一思想来保证道的顺利接续、传播。这时政治对于教育的统属还不深刻，直到国家选士制度从汉代有了萌芽后，由政治主导的选拔开始对教育产生了深刻影响。

儒学者可能没有意识到的是“内圣”和“外王”的关系从紧张变为统属和分裂的可能。当“学而优则仕”被功利化之后，在下一代的道者心中，内圣之学仅仅剩下了工具性或不具有更宏大理想的道统观。这便是韩愈看到的危机，一种趋向是“道”被“政”所主导，不论在教育内容上的，还是在下一代知识分子的追求中；另一种趋向是“内圣”和“外王”的分裂，这是上一种趋向的直接结果，就是在我们学习“内圣”时没有意识到“外王”的理想，而是机械化的经学，所以到儒者真正成为仕之后，便不再传道、行道。这一种倾向在明清时期愈演愈烈，直至政府开始控制书院、八股取士时，道便只散落在了个别儒者中。所以，如上图，儒者们在传道、弘道时，忽略了政治对于教育的控制能力(虚线部分)，所以导致了“道”的器用化和“学以为人”，从内圣开出外王的失败，让“内圣外王”无从谈起。

(二)道者的自我蜕变：从心性之学到学以为“己”

从内圣开出外王过程中的顿挫感，让宋明儒学知识分子转向了对“内圣”的过分关注。宋明儒内圣心性之学被牟宗三认为是道统发展的第三阶段。也是儒学发展的第二期。经历了中国文化生命长期歧出，至唐末五代道德沦丧、儒家伦理扫地之后，宋明理学家承孔子仁教，挺立道德主体，其心性之学就成了涵盖程朱陆王的宋明理学的同义语，形成道统发展和整个中国文化发展的新高潮，并成为现代新儒学的“源头活水”。[①] 牟宗三认为宋儒心性之学即是内圣之学，此“心性之学”亦曰“内圣之学”。“内圣”者，内而在于个人自己，则自觉地作圣贤工夫(作道德实践)以发展完成其德性人格之谓也。[②] 其实，心性之学做到了“内圣”内部对内在德性和个体自觉的开出，这就为学以为己的回归做好了哲学准备。狄百瑞曾分析过朱熹关于“为己之学”的思想，朱熹认

① 蔡方鹿. 中华道统思想发展史[M]. 成都：四川人民出版社，2003：524.

② 牟宗三. 心体与性体[M]. 台北：正中书局，1968：4.

为，“学为己”是作为学习、教育的根本目的。为此，人们要认识和实现真正的自我，要正心诚意。在狄百瑞看来，朱熹的这种思想体现了自由主义精神。同样涉及“己”的概念，在“克己复礼”中，狄百瑞认为朱子所说的“己”有两个，一个是原初的、内在的、真正的自我，另一个是只关心“一己之私”的自我。理学家所宣扬的“克己”，并不是一般的压抑自我，而是要自我约束，约束为恶的自我。这样，朱熹将“克己复礼”的过程作为个人与他人交往中的自我扩展和自我实现，而这种交往有其自身的外在表现形式，即“礼”。①

在狄百瑞的启发下，我们可以将朱熹的克己理解为“内圣”的必要过程。而学以为己中的“己”更像是一种对“内圣外王”的统一的理想状态的渴求，这里的“为己”更是一种道者的自我实现过程，是内在自洽的、自由的。此外，狄百瑞认为，儒家的自由主义，也可以说是对“己”的理解，在黄宗羲的思想中达到了顶峰。黄宗羲在《明夷待访录》中直接批判了帝制及其所拥有的专断权力。黄提出了建立具有积极意义的基于人类价值之上的法律观念，这种法律比王朝律令更为重要，其目的在于公正无私的保护和促进人类的共同利益。这大概可称为是我们如今所称谓的“人权”的一个框架。② 在此，我们可以看到已经有思想家在反思外王的专断性和不民主，在反对外王的同时我们可以看到的是儒家道者朦胧的自我蜕变和觉醒，这些与心性之学、为己之学密切相关。道者对于“己”的回归，促使其对自己的使命明确——开始真正反思当下的社会是否符合“内圣外王”的中正之道。汉学家墨子刻发现，在儒家思想中存在着深刻的困境意识，这种困境就是新儒家学者未能弥补日常接触到的社会、政治现实与应该实现的理想之间的鸿沟，从而在伦理和智识上产生的紧张。这一困境意识在儒学体系中产生了一种内在动力，这种动力使其获得了在困境中能够释放出巨大的能量并使自身进行创造性发展的能力，也是一种变革的传统动力。中国历史变化的原因除了外来的西方影响以外，最重要的就是中国传统思想的动力。③ 儒学既然能够在宋明时期成功摆脱困境，使其政治文化得以向前发展演进，虽然道者的蜕变只停留在了思想层面，但也得益于此，从内圣开出外王的新任务也即将明了。

（三）内圣外王在易位观下的解读

“一、道统之肯定，此即肯定道德宗教之价值，护住孔孟所开辟之人生宇

① 张斌．战后美国的儒学与民主比较研究[J]．美国研究，2007(1)：68．

② William Theodore de Barry. The Liberal Tradition in China[M]. New York：Columbia University Press，1983：7．

③ 张斌．战后美国的儒学与民主比较研究[J]．美国研究，2007(1)：68．

宙之本源。二、学统之开出，此即转出‘知性主体’以融纳希腊传统，开出学术之独立性。三、政统之继续，此即由认识政体之发展而肯定民主政治为必然。”[①]牟宗三在20世纪50年代提出了“三统”学说。他认为儒学现代化的任务就是从内圣开出外王。“三统”中包括道统、学统和政统，除了道统上文已经阐明，学统和政统分别对应上文的教育与政治。进一步明确概念，牟宗三把政统定义为——“政治形态与政治发展之统绪”，而学统中的学作为古语中“教”的同源字，它不仅意味着知识还意味着教育。如上文所述，“三统”的构建离不开道者的自我觉醒，因为道者就是这“三统”的发源、主体和实体。所以，这“三统”也就是牟宗三的学生杜维明所说的儒家公共知识分子的三个面向。在道统的传承中，外王一直不是目标，道者真正追求的是内圣外王的统一，即为“道”。所以，新三统又该从什么样的理论下完成内圣外王的统一呢?在此引入金岳霖的“圣哲观”(sagely vista)。“圣哲观”的核心和基本理念就是中国传统哲学所一向主张和宣扬的“天人合一”。金岳霖指出，天人合一是一个“博大广包”的学说，根据上面的论说，我们可以得出，“天人合一”其实也是个人与社会合一，伦理与政治合一。“每一个体都反映整个的本然世界；即一个体的关系与性质牵扯到所有个体的关系与性质。不论人类与其他同时的物种相比有多么荣耀，他们也是依靠其他物种的互助协作的。存在物之间有一种相互依存和相互渗透，由于思维经济和行为节约的需要，我们很容易忽略了这一点。”[②]首先，基于包括人在内的宇宙万物普遍联系的这种意识，人们既摆脱了将人和自然相割裂和敌对的人类中心主义，也会去掉将个人与他人和社会相分离和对立的自我中心主义。最终认识到“所谓一个人的自我是与其他人、其他动物、其他事物相互渗透的”。这个认识“使人能与世界万物合而为一。他获得一种普遍的同情心。他不会蔑视其他事物，因为他自己就是它们之中的一员，在存在物的一种民主制下，其所予和所取同样多”。[③] 所以，在这样的意识之下，就恰恰为民主，也就是个体之间在现实具体生活中的相互贯通提供了哲学基础。此外，笔者认为，金岳霖将其圣哲观做了进一步的扩大，实际上也回应了一直贯穿儒学的“内圣外王”问题。金岳霖所谓圣哲，其为一种“观”(vista)是要“引导或鼓励人们怀抱这种观作为一种理想”。圣哲观不仅是个人安身立命的精神寄托，而是包括普通人在内的所有人可有的一种宇宙人生的理想：“没有任何特殊的职业不适于达到这种圣哲观，人人都可

① 牟宗三．道德的理想主义[M]．台北：学生书局，1992：6.

② 金岳霖．道、自然与人[M]．北京：生活·读书·新知三联书店，2005：160.

③ 金岳霖．论道[M]．北京：商务印书馆，2015：294—295.

以获得它。没有任何理由为什么一个脚夫、一个鞋匠、一个律师、一个医生不会成为一个具有圣哲观的人。”①

<table>
<tr><th></th><th>道者</th><th>内圣</th><th>外王</th></tr>
<tr><td rowspan="2">个体意义</td><td rowspan="2">君王、圣人
社会上每一个人</td><td>成为圣哲</td><td>王治</td></tr>
<tr><td>拥有圣哲观</td><td>个人的实现</td></tr>
<tr><td>社会意义</td><td>社会上每一个人的集合</td><td>所有社会成员的圣哲观，通过个体之间在现实具体生活中的相互贯通而集合在一起</td><td>社会的民主
——人治</td></tr>
</table>

易位↓

图 2　内圣外王的易位

诚然，不一定人人皆为圣贤，也未必人人皆成圣贤，但是金岳霖在点出了一般化的“圣哲观”后，社会中的每一个分子都有可能获得圣哲观而接近道，从而完成自己微观层面、个体层面的“内圣外王”。这是孟子“人皆可以为尧舜”的延续。他将儒学的“易位论”视野放开，从追求少数圣哲的内圣外王到看到社会中每一个人的圣哲观，即每一个人完成其自身的“内圣外王”。所以，杜维明所说的“道、学、政：儒家公共知识分子的三个面向”亦有可能成为大众的三个面向。只不过大众所涉及的并不一定是道者追求的终极的“三统”，但是当其汇聚在一起时，真正道义上的内圣外王便有了可能，或许这时的圣哲只不过是众人的代表和化身。

这样观念的转变其实不仅仅是道统意义上的。从政统上看，我们将从原先的“道”的集权与追求君王个人的内圣外王，转变到民众、民主参与身上。也就是说，只要民众的自我诠释和他们对世界的观点能够决定政治问题的内容，民众既是儒家伦理——政治秩序的问题，也是其解决方法。从学统上看，教育的任务就从培养圣哲转向了培养“圣哲观”。这无疑扩大了大众教育的范畴，因为可以承载“圣哲观”教育内容十分广泛，同时也将“内圣”之道从单一的经学路径中解脱出来。此外，根据牟宗三的学统发展观点，学统还必须开出科学。在这一点上原因是多重的，一是因为西方源于科学而加快的现代化步伐，二是源于中国自古对科学知识的轻视，三是因为既然要开出民主，那么就要一定程度上地摆脱容易被误读、曲解和误用的知识，更多地研究客观自然知识这样才有利于社会的进步。当然这并不意味着文化中的“道统”就不再重要，我们亦可能做出良知的自我坎陷，来让步于科学，使其先行发展。牟宗三很明确地澄清：一味地忽视、否定贯穿中华文化生命的“道统”，就像

① 金岳霖．论道[M]．北京：商务印书馆，2015：294－295.

中国近代的失败尝试，便是因为我们失去了文化的根基。“从内圣开出新外王”是必要的，前文也论述了这一儒学任务是被“道”所赋予的，是被“道者”完成并且发展的，更受着“道”的引领。在现代，完成儒学这一发展任务其实也是在接续中华文化生命。其中我们要遵循的就是朱熹所谓的“十六字心诀”和“允执厥中”的思想指导。在当下，我们不仅处在传统与现代、西方与本土的冲突之中，也没有解决“内圣”和“外王”的平衡关系，何况现在的情境变得更为复杂，我们需要在道、学、政“三统”中进行互动。所以，我们应该回归心性之学的指导，在其中找到“内圣”和“外王”的不偏不倚，找到“道、学、政”“三统”中的中心法则，从而完成个人的“内圣外王”，更帮助“道”从内外统一中发展，这样才能完成这一期的儒学任务，从“应然”走向“实然”。

从师与道的关系看师道尊严

康智钰

摘　要：从师者出现的原因来看，师与道的关系本身就十分紧密。师者，道之先行者也。师者作为道的代言者，集中了所有人的期望，由此，在对师者的论述中，总是有诸多要求的。作为道的传承者，师者必然有着无比高的地位，尊师也由此而来。但是师者的德行若是有失，也同样会影响人们心中对道的看法。总之，师者自身必须不断修行，而学生也不可盲从。毕竟学习最终仍然是一种自我的修行。

关键词：道；师道；师道尊严

一、尊师的根由在于尊道

韩愈在其《师说》中明言："师者，所以传道授业解惑也。"师者传其道，道为何？老子《道德经》有云："道可道，非常道；名可名，非常名。无，名天地始；有，名万物母。常无，欲观其妙；常有，欲观其徼。此两者同出而异名，同谓之玄，玄之又玄，众妙之门。"道似乎没有一个具体的定义，但是它能在诉说、争辩与行动中逐渐被人体会。而师者所传的道，多是他自己的行事准则，包含着他自身的修养。在不同的立场中，每一个人各自的德行修养，通常没有对错之分，但是人们仍能归纳出一些公认的品质供人做努力的方向。道不能被这些简短的词语完全概括，但是会在行事中透露出来。

自古以来，人们对师者的要求极高。"细审'师'字字源，实含有出于其类、拔乎其萃、为众之长之意。"①在师者的职能尚未明确到将"传道授业解惑"为专职时，人们向行事做人、知识学问皆令人钦佩的人学习。在这时，人们尊重师者，其缘由来自于他们对师者崇高品德和渊博学识的尊重。

人们要尊师，但是尊师伴随着的，是对师者的高要求。《学记》中称："君子知至学之难易，而知其美恶，然后能博喻；能博喻然后能为师；能为师然

① 萧承慎. 师道征故[M]. 上海：华东师范大学出版社，2018：151.

后能为长；能为长然后能为君。故师也者，所以学为君也。是故择师不可不慎也。《记》曰：‘三王四代唯其师。’此之谓乎。”将做教师与做君王相提并论，这体现了古时人对于教师的高期望。之后其中又提及了诸多对于教师的具体要求：“既知教之所由兴，又知教之所由废”“道而弗牵，强而弗抑，开而弗达”“长善而救其失者也”“其言也约而达，微而臧，罕譬而喻”“知至学之难易，而知其美恶，然后能博喻”，总之，教师必须很了解学习的过程与艰辛，知道如何使用言语才能使学生开悟，了解教学中可能出现的问题，并能够自如应对，这一切条件的前提是教师自身的博学和高素质。“中国传统‘师道’即：清俊儒雅且持浩然之气的教师以诲人不倦、清贫乐道的操守，以恩威并重的方式，以自身的博学，通过实际教学，在‘循循善诱，博我以文，约之以礼，欲罢不能’的状态下，促使学生最大程度地得到全面发展。”①

《论语·为政》中有言：“温故而知新，可以为师矣。”《论语·述而》中亦言：“三人行，必有我师焉。”这其中指的师和上述我们讨论的师有一些区别。这里的师指的是在某种情境下，某人的长处为他人所效仿，他作为师者的身份是暂时的，他也不一定是人们公认的贤者，但是这时别人从他身上学到了一些东西，所以他被称为师。但是之前讨论的师，是有着诸多要求的，是有固定职能的，不仅仅是某一方面有所长就可以称之为师的。只有第一种师，才拥有道之先行者的身份。

在这个前提下，师和道可以说明成一种更为紧密的关系。对师者的要求无限接近圣贤，说明师者自身就可以称为道的代表。同时师者本身就代表了他自身的道，那么尊师和尊道实际上是一回事了，可以真正称为“道之所存，师之所存”。

二、师道尊严的质疑与释解

如上所述，人们尊重师者的缘由是师者自身的道可服人，即由尊道而尊师。如果按这个道理来说，那就与《学记》中“凡学之道，严师为难。师严然后道尊，道尊然后民知敬学。”有些不同了。

对于一些人来说，他们还无法辨别道，难以体悟道，或是无法理解他人的道，同时一些道义也比较艰深晦涩、一时难以理解。所以无论师者如何博闻强识、德行高尚，他们都无法由此而尊师，更别提尊道。“人非生而知之者”，能直接体会道义并且对师者产生尊重的人仍是少数。同时，由于人们对

① 容中逵.“道之所存，师之所存”：关于中国传统“师道”的几点思考[J]．河北师范大学学报(教育科学版)，2007(1)：83.

于物质生活的向往，人们也更倾向于追随看起来生活更加体面的人、秉持自身之道的人。人人皆知道的重要性，既然从混沌中脱出，自然也没有人愿意再回到混沌中去。但是对于还没有这种体悟的人来说，他们无法理解这种光明照亮心灵的感受，却只能看见那些追随着道的人没能过上更好的物质生活。由此，人们总会发出道究竟有何用的疑问，就如当今的“读书无用论”一般。

另一方面，师者虽然自身拥有谋生的才能。但是要做到教化民众，则需要真正意义的教师出现，并以教学育人为专职。教师若是无法获得良好的待遇，不仅学生会产生为何去学道的疑问，为了自身的生存，师者也会选择在其他方面发挥自己的才能，而不是困守在传道一职。

因此，若是社会中师者无法靠自身修得的道生存、获得尊重，则他们传授的道义也不会得到尊重，同时真正有才学之人也将在别的领域施展自己的才能。

或者可以从师者自身出发来解读“凡学之道，严师为难。师严然后道尊”，严师除了指他人对教师的尊重以外，还可以指教师对自身的高要求以及教师自身的高素质。严师，可能指的是无限接近圣人的存在。人达到这种程度是非常艰难的。师严道尊的背后，藏着的仍然是对教师的高要求。

师与道关系无比紧密，我在上一部分已经论述过了。人们既然可以为师者的高尚品质所折服，从而更加愿意学习，那么也有可能受一些品德败坏的教师影响，从而怀疑学习的价值，以至怀疑道。每一个人都明白知识和品德没有绝对的关系，当一些知识渊博却道德败坏的人出现时，人们就会开始怀疑知识的价值，甚至认为学习知识是不重要的。实际上，知识的增加虽然不一定会导致人道德水平的提升，它却会开阔人的眼界。伴随着高尚道德与渊博的知识，人们可以更好地思考自我与他人的关系，不会因为狭隘的眼界而被困在某一个问题中。换而言之，知识能帮助人更好的修养自身的品德。道不是知识或品德间的某一种，它是总体的，是人们应对事物的思维起点。

三、修身是师道尊严的生长之源

对于师者而言，修行自身是最重要的。师者可以在教育他人的过程中发现自身的问题，由此反省进而改善自身。正如《学记》中所说：“故学然后知不足，教然后知困，然后能自强也，故曰：教学相长也。”虽说对教师的要求已经无限接近圣贤，可人又哪能成为真正的圣贤呢？况且诸种学说中对圣人的描述各不相同，对圣人从来就没有一个具体的统一的要求和定义。所以对师者而言，他们修的应该都是自身的道，传授的也是自身的道。在这个过程中，他们需要对自身的道不断完善。如果他们自身不能不断前进，而是止步不前，那么离他失去被称为师者的那一天也将不远了。

对于学生而言，择师很重要，但更重要的是自身的修行。“真正之教育与夫教育之最后阶段皆为自我教育。自我教育即在能自强不息。”[①]之前所说，虽然师者在努力修行自身以期更靠近圣贤，但他们仍是常人，既然如此，他们的行为难免会同真正的道有所偏差。对于学生来说，虽不一定能完全鉴别出教师的这些偏差，但最重要的是要养成善于怀疑的习惯。学生要勇于自己去探索，他们自己主动去获取知识所能得到的，比教师可以教给他们的多得多。

由此可以引出，尊师不等于盲从。虽然我国自古以来就对师者多有礼遇，后世一直在批判师道不存，从侧面也体现了曾经的文化中对师者的尊敬。实际上那种尊敬中包含着的是对道的尊敬。这里先不讨论盲从是不是一种尊师的态度，如果因为要尊敬师者，而忽视道义，这绝不是古人口中尊师的原意。“教学相长”是在学生与教师的讨论中激发出来的。若是学生只能被动的听教师的“知识”，而没有质疑和发问的空间，那么教师无法在教学中知道自己的问题，学生也无法在学习中解决自己的问题。

学习，归根结底，仍然是个人自身的修行。择师，从师而学，不是要复制教师的道，而是在他的教学中体悟自身的道。求学求师，最终还是要求诸于自身。

结语

师道尊严最重要的前提是对教师的高要求，它绝不是为不平等师生关系辩护的一块挡箭牌。即使是尊敬教师，也不意味着要当一个知识的容器。如果在教学中学生无法对自己没有明白的东西提问，提出质疑，这些东西不会真正内化成学生自己的知识。我们再次重申师道尊严的意义，是为了避免其在教学实践中的误用，避免其成为一部分被称为教师的人作为荒废自我修行的借口。师道尊严，道仍是本位。

① 萧承慎．师道征故[M]．上海：华东师范大学出版社，2018：195.

韩非的法制教育思想分析

贺虞瑶

摘　要：韩非作为法家的代表人物和韩国的公室公子，其自身对于奸佞祸主的愤恨反映到其思想上是迫切地要求加强君主的权力，以法律构建严密的社会体系，以实现富国强兵的争霸需求。作为先秦法家学派的集大成者，其思想兼收并蓄了儒道和法家各派的精华，但又主张禁“二心私学”，进行思想上的统一以促进政权的巩固。其法制教育思想在本质上是一种全国范围内的政治管理与教化，推行“以法为教，以吏为师”的唯一教育方针，以迎合并佐助大一统的时代需求。

关键词：韩非；法制教育；思想渊源；思想统一

一、“悲廉直不容于邪枉之臣”：韩非其人

韩非(约公元前280—前233年)，是韩国公子，法家的集大成者，喜刑名法术之学，归本于黄老，尝受业于儒家荀子。不得韩王重用，遂闭门著书立说，其思想融合改造了儒道法三家学说，兼之商鞅之法、申不害之术、慎到之势，成就了自己的学术体系。他为存韩出使于秦，受秦王赏识，被构陷，终客死秦狱，其思想被秦国君臣付诸实施，成为秦一扫六合、治国理民的政策指导。

韩非所处的韩国，“奸臣蕃息，主道衰亡”，(《韩非子·爱臣》)且国力弱小，又同时面对南楚北魏、东赵西秦的强敌环伺，无论是“从者合众弱以攻一强”抑或“衡者事一强以攻众弱”，(《韩非子·五蠹》)韩国都无法幸免于欺凌与兵灾，在“主辱臣苦”(《韩非子·存韩》)的现实下，根本没有外交的资本去参与强国的博弈。这就势必要求从内政上富国强兵，整顿朝纲以适应战国的需求。

韩非作为韩国宗室的公子，其自身的利益必然与家国的兴衰休戚与共，身上的血脉不允许他“择木而息”，而为秦效力又不容其心怀故国，这个“无党孤特”(《韩非子·孤愤》)的孤臣空有一腔救国热情却不得待见，他闭门著述立说，凭借大量的史料前鉴总结规律，但半生被排斥在政局之外的韩非本人渴

望却并不具备将其付诸实践的能力。于是在长期的愤懑压抑，郁郁不得志中，他不断地去完善他的理论构想，同时愈加愤恨君主遭受近臣蒙蔽，百姓愚昧无知，他认为普天之下只有他韩非一人是君子良臣，他要做的也只是捍卫作为国家权力的中枢的君主一人的至高无上，而黎庶吏民皆是维持国家正常运转的半奴式劳役，既然天下皆是“挟自为心”(《韩非子·外储说左上》)之人，那么也就没必要用儒家的仁义温情去感化愚民，让他们成为君主操纵的利器就好，而法治则规定这一套完整的、且势必唯一的行为准则，这也就要求禁“二心私学”，(《韩非子·诡使》)用思想统一去促进中央集权的进一步发展。

“世之仁贤忠良有道术之士也，不幸而遇悖乱暗惑之主而死。然则虽贤圣不能逃死亡避戮辱者何也？则愚者难说也，故君子难言也。且至言忤于耳而倒于心，非贤圣莫能听。”(《韩非子·难言》)他已深谙变法者本身往往会成为新旧妥协的牺牲品承载变革的矛盾，却依然带着殉道者般的决绝去推行他的主张，以期求“利民萌便众庶之道”，(《韩非子·问田》)“不忍乡贪鄙之为，不敢伤仁智之行。”(《韩非子·问田》)梁启超先生曾对韩非评价道：“彼盖一极倔强之人，确守其所信而不肯自枉以蕲合于流俗。彼固预知其不能免于世祸，然终亦不求自勉，其遇可哀，而其志可敬也。”①我想便是对韩非一生最好的诠释。

二、“人情有好恶，故赏罚可用”：教育思想之人性论基础

韩非教育思想的基础是建立在其绝对的性恶论之上，他认为“计算之心”(《韩非子·六反》)充斥父母君臣，人性皆是趋利避害，仅仅是依存利益关系加以维系。所以韩非认为不必要去引导民众仅仅在表象上向善，主张治国“不恃人之为吾善也，而用其不得为非”，(《韩非子·显学》)利用人性之恶抑而治之，故“境内不什数……一国可使齐……故不务德而务法”，(《韩非子·显学》)这就为法律的颁布和法教的实施提供了理论的依据。

然而法律的颁布势必受到阻挠，他认为“细民恶治”“大臣苦法”(《韩非子·和氏》)是因为民智鼠目寸光，“民智之不可用，犹婴儿之心也……不知犯其所小苦致其所大利也。今上急耕田垦草以厚民产也，而以上为酷；修刑重罚以为禁邪也，而以上为严；徵赋钱粟以实仓库、且以救饥馑备军旅也，而以上为贪；境内必知介，而无私解，并力疾斗，所以禽虏也，而以上为暴。此四者所以治安也，而民不知悦也。夫求圣通之士者，为民知之不足师用故举士而求贤智，为政而期适民，皆乱之端，未可与为治也。”(《韩非子·显学》)所

① 梁启超．要籍解题及其读法[M]//梁启超全集：第十六卷．北京：北京出版社，1994：4644.

以作为先知先觉者的君王不必为短见所困，且他认为既然人民是愚钝的，那么就不能令其受到百家之学的蛊惑，同时法律既定便不可轻易变更，以便于树立其权威性，在实施的过程中有效服众。

法律落实到管理国政上，便是倡导耕战，推行赏罚，“以刑治，以赏战。厚禄以周术”，(《韩非子·饬令》)“赏莫如厚而信，使民利之；罚莫如重而必，使民畏之；法莫如一而固，使民知之”，(《韩非子·五蠹》)遵从人的天性加以诱导恐吓，“誉辅其赏，毁随其罚”，以期“贤不肖俱尽其力”，(《韩非子·五蠹》)从而形成高度统一的秩序，达到“境内之民，其言谈者必轨于法，动作者归之于功，为勇者尽之于军。是故无事则国富，有事则兵强”(《韩非子·五蠹》)的效果，并且他认为“宰相必起于州部，猛将必发于卒伍”，(《韩非子·显学》)因而应当从中选拔出名副其实的新型阶级官僚，以削弱八奸乱权的弊端。选拔出来的臣子君主依靠刑德二柄加以制约管理，“杀戮之谓刑，庆赏之谓德。为人臣者畏诛罚而利庆赏，故人主自用其刑德，则群臣畏其威而归其利矣”，(《韩非子·二柄》)从而加强中央集权，令臣子成为君主统御四方和传播法教的吏师。

三、“喜刑名法术之学，而其归本于黄老”：教育思想之学术渊源

韩非早年曾受业于儒家荀子门下，而其本身又对法家和道家有所钻研，他看到政治上的中央集权势必要求思想上的高度统一，于是他倡导禁“二心私学”，同时又对儒道的精华加以吸收、融合、改造，重新诠释道家思想，并内化儒家思想于自身，成为其法制思想的理论依据。

韩非认为“道者，万物之始，是非之纪也。是以明君守始以知万物之源，治纪以知善败之端”，(《韩非子·主道》)故为政者应“因道全法”，(《韩非子·大体》)既然“道法自然”，自然界存在各种客观的规律，那么作为处理各种社会关系的法，也就是自然界规律在政治领域的体现，其制定必遵循着社会活动的规律，而又不可轻易地加以变更，即“饬令则法不迁，法平则吏无奸。法已定矣，不以善言害法。”(《韩非子·饬令》)

韩非重新阐释了老子“无为”的思想，道家顺应自然的态势被他与申不害“静观”“独断”之术结合，阐释为君主不露声色地以虚静之态“令名自命”“令事自定”，(《韩非子·主道》)因为“夫物者有所宜，材者有所施，各处其宜，故上下无为……皆用其能，上乃无事。上有所长，事乃不方。”(《韩非子·扬权》)所以要运用术的手段，“去智而有明，去贤而有功，去勇而有强。君臣守职，百官有常”，(《韩非子·主道》)令群臣难以捉摸利用君主的想法，同时令

君主作为最高思想和权力中枢“操杀生之柄，课群臣之能者”，（《韩非子·定法》）全精力去运筹帷幄，以期“明君无为于上，君臣竦惧乎下……使智者尽其虑……贤者敕其材……有功则君有其贤，有过则臣任其罪”，（《韩非子·主道》）君王“不以智累心，不以私累己；寄治乱于法术，托是非于赏罚，属轻重于权衡……守成理，因自然；祸福生乎道法而不出乎爱恶，荣辱之责在乎己而不在乎人。故至安之世，法如朝露，纯朴不散；心无结怨，口无烦言”，（《韩非子·大体》）以达韩非所希冀的一人之天下，诛灭群小乱政的一切可能。

同时，类似于孔子“唯上知与下愚不移”，韩非说，上古如尧舜般的圣王，如桀纣般的昏君，都是“千世而一出”（《韩非子·难势》）的极端个例，大多数的统治者都是“上不及尧舜而下亦不为桀纣”（《韩非子·难势》）的中者，他的“言势”“御术”便是为处于绝大多数具有高可塑性的中者之君服务，他们当需要法术作为虎之爪牙，这便为法制教育的实施和奏效提供了可能。“抱法处势则治，背法去势则乱”，（《韩非子·难势》）法作为教化民众的手段，一反道家的消极避世以及儒家的追怀先古，他主张“今欲以先王之政，治当世之民，皆守株之类也”，（《韩非子·五蠹》）强调“世异则事异”“事异则备变”，（《韩非子·五蠹》）“上古竞于道德，中世逐于智谋，当今争于气力”，（《韩非子·五蠹》）以一种积极和现实的态度去面对当世之政，而非奢望圣人贤主救民于水火。治乱世必用重典，法的目的是令人不得为非，所以也就不必要“道之以德，齐之以礼，民有耻且格”，只需“道之以政，齐之以刑，民免而无耻”便足矣。

四、“无二心私学，听吏从教”：教育思想之高度集权统一取向

韩非认为“儒以文乱法，侠以武犯禁”，（《韩非子·五蠹》）君主重臣礼遇游说各国的士人便是时世动荡的根源。人皆治学言说，游历各国兜售自己的政治思想，便会导致“儒服带剑者众，而耕战之士寡”（《韩非子·问辩》）的局面，势必产生人才流失和国家控制力减弱的弊端，况且若人民皆追求自身的地位，“修文学、习言谈，则无耕之劳而有富之实，无战之危而有贵之尊”，（《韩非子·五蠹》）不事生产，不尽义务，则国家缺乏经济基础，也难以在战时组建一支有效的军队同仇敌忾、抵御外辱。且游士多是趋利避害之人，其“良禽择木而息”，进行合纵连横的外交无非是以为国效力的名义为自己谋利，正因他们“为巧文之言，流行之辞，示之以利势，惧之以患害，施属虚辞以坏其主”，（《韩非子·八奸》）故国家“当亡而不亡”“当霸而不霸”，（《韩非子·初见》）在无尽的战力拉锯消耗中无法走向大一统。

政治上的统一势必要以思想上的统一为前提，但战国不但七雄争霸百家争鸣，大的思想流派如儒墨亦分成诸多小的派系，彼此“取舍相反不同”，

(《韩非子·显学》)入仕之人往往在言论上故作异议以求青睐，韩非认为这些辩士“言无定术，行无常议”，(《韩非子·显学》)其所持乃是“愚诬之学”“杂反之辞”，(《韩非子·显学》)但在人主皆“旦暮望获期年之效”的时代背景下，客卿门臣同处一处议政，“兼听杂学缪行同异之辞”，(《韩非子·显学》)不同主张势必产生强烈的冲突，那么无论是前后相悖的政令，还是勉强融合的文辞，“冰炭不同器而久，寒暑不兼时而至”，(《韩非子·显学》)则不可避免走向动乱衰亡。所以韩非认为必须立足于现实，禁绝崇尚“皆道上古之传誉，先王之成功”(《韩非子·显学》)的泥古不化，君主应“举实事，去无用；不道仁义者故，不听学者之言”，(《韩非子·显学》)禁“乱上反世”的“二心私学”，(《韩非子·诡使》)“言无二贵，法不两适”，(《韩非子·问辩》)颁布言辞确凿的新政令作为长期的指导思想，“去智与巧”(《韩非子·扬权》)“言行而不轨于法令者必禁”，(《韩非子·问辩》)以培养顺服的百姓和各守其职的官员，禁绝“以离群为贤，以犯上为抗”(《韩非子·问辩》)的“文学”“辩智”之士。

五、“以法为教，以吏为师”：教育思想之核心主张

韩非认为“国之所以强者政也，主之所以尊者权也”，(《韩非子·心度》)君主作为最高统治者和最高教化指挥人员，其不可无一不能有二的股肱便是法，即君主“因任而授官，循名而责实，操杀生之柄，课群臣之能者”(《韩非子·定法》)的统御之术和“宪令著于官府，刑罚必于民心，赏存乎慎法，而罚加乎奸令者”(《韩非子·定法》)的教化之行，从而形成“以国位为车，以势为马，以号令为辔，以刑罚为鞭策”(《韩非子·难势》)的法道规约。君主必须明确法的震慑作用，规定大臣各司其职、所言必践，“不赦死，不宥刑”，(《韩非子·爱臣》)“以其言授其事，事以责其功。功当其事，事当其言则赏；功不当其事，事不当其言则诛”，(《韩非子·主道》)从而防止僭越和结党营私。

法的定立应将功、罪、赏、罚定型，利用务实化的人心贪鄙，死力求荣以达到与理想化的忠君爱国一样的实际成效，使“能者不可弊，败者不可饰，誉者不能进，非者弗能退，则君臣之间明辩而易治”，(《韩非子·有度》)这样即便是“君通于不仁，臣通于不忠”，(《韩非子·外储说右下》)依然可以保证国家不至生乱，同时在任命官吏对民众治理教化之前，君主应更加注重治吏，“使法择人”“以法量功”，(《韩非子·有度》)摒弃五蠹八奸当涂之臣，任用“明察听用，且烛重人之阴情”的智术之士和“劲直听用，且矫重人之奸行”(《韩非子·孤愤》)的能法之士，从而“人臣循令而从事，案法而治官”，(《韩非子·孤愤》)保证上呈下达，君主对民众有效的管理教化。

鉴于士人争相周游导致“百人事智而一人用力，事智者众则法败，用力者

寡则国贫”(《韩非子·五蠹》)的流弊，韩非建议彻底罢除百家杂说，甚至商、管、孙、吴的法家兵家之书百姓也不应掌控，以此保证在严密统一的思想体系中培养只知听从法制教化的顺民，遏制士人百姓的怀疑和反抗，阻止他们去倾慕效仿那些只是纸上谈兵却不执耒被甲的“辩智之士。”(《韩非子·六反》)所以“明主之国，无书简之文，以法为教；无先王之语，以吏为师；无私剑之捍，以斩首为勇。是境内之民，其言谈者必轨于法，动作者归之于功，为勇者尽之于军。是故无事则国富，有事则兵强。”(《韩非子·五蠹》)

既已“无二心私学，听吏从教”，(《韩非子·诡使》)那么君主服众的根本便是通过法教来保持社会的秩序性、稳定性和公平性，即要明确“凡法律更则利害易，利害易则民务变，民务变之谓变业”，(《韩非子·解老》)又要坚守“法不阿贵，绳不绕曲”(《韩非子·有度》)的准则，“刑过不辟大臣，赏善不遗匹夫”，(《韩非子·有度》)同时，君主应言既出而行必果，“小信成则大信立，故明主积于信，赏罚不信，则禁令不行”，(《韩非子·外储说左上》)“诚有功则虽疏贱必赏，诚有过则虽近爱必诛。则疏贱者不怠，而近爱者不骄也”，(《韩非子·主道》)从而确定法律的威信，保证国家的有序运转。

韩非亦赞同实施商鞅“重轻罪”的主张，认为“刑胜而民静，赏繁而奸生”，(《韩非子·心度》)惩戒力度过小不足以令民众敬服，而如果小恶不止势必会导致大乱滋生，所以要从根本上使百姓对法加以戒畏，就必须采取“以刑去刑”(《韩非子·内储说上七术》)的政策，通过轻罪重罚的手段使人人畏于法、守于法，出于对法的恐惧而不敢为非，从而防患于未然，因此，各地治民的吏师要“禁奸于未萌”，(《韩非子·心度》)利用公法的颁布推行和吏卒的严加管教，方可令“不才之子”“不法之民”(《韩非子·五蠹》)改过自新，进而通过推行参伍连坐，“先而一民心，专举公而私不从，赏告而奸不生，明法而治不烦”，(《韩非子·心度》)从而到达一个人人遵从法律教化，官吏替君王有效统御四方，百姓之间守法且彼此监察的高法制社会，为实现韩非所梦想的君主集权，富国强兵提供社会基础。

汉代太学博士制度考析

陈　雨

摘　要：汉代太学的创立本身就带有政治意义，太学博士和太学一样，也是政治实践的产物。太学是传播儒家思想的学府，太学博士又是知名的儒学大师，不论是教化还是培养政治后备力量，太学博士都有着不可忽视的作用。在博士选拔中，制度随着政治的变动有所不同，譬如察举、考试及征召等。博士的待遇不论在西汉还是东汉都较为优厚，不仅物质上有俸禄居所，社会影响上更具有一定的威望，政治发展前景很好。教学方面，博士教学既有其优点，亦存在不可忽视的问题，需辩证看待。

关键词：汉代；太学；太学博士制度

一、汉代太学博士的选拔

公元前 124 年，武帝接受董仲舒的建议，设立太学。太学隶属太常，而太常属于九卿之首，可见政府对太学的重视。汉代太学的教师均称为博士，即五经博士。五经博士中有一名首席博士，西汉时候名曰博士仆射，东汉时改为博士祭酒。人数上时有变化，武帝时为七人，宣帝增为十二人，元帝增为十五人，平帝增为三十人，至东汉初年，光武帝乃定为十四人。元帝时期的十五个博士包括“鲁诗”“齐诗”“韩诗”“欧阳书”“大夏侯书”“小夏侯书”“大戴礼”“小戴礼”“施氏易”“孟氏易”“梁邱易”“京氏易”“严氏公羊”“谷梁春秋”。[①]这些博士设置，除了对“谷梁春秋”是否属于今文经学存在着争议外，其余皆是今文经学，这反映了两汉在政治上支持今文经学的取向。而且“谷梁春秋”由于性质不明确，后被取消，在光武帝时期乃定为十四人。

对于博士的标准，据《汉官仪》记载：武帝初设博士，取学通行修，博识多才，晓古文、《尔雅》，能属文章，为高第。成帝阳朔二年(前 23 年)，诏举可充博士者，标准是“明于古今，温故知新，通达国体”(《汉书·成帝纪》)这

---

① 毛礼锐. 中国古代教育史[M]. 北京：人民教育出版社，1983：302.

说明西汉人要想成为博士既要在学术上博学多才，也要品德高尚且通达国体。西汉以名流充当，用征拜或举荐的方法，不用考试。宣帝以后，博士任命要进行策试考试。宣帝时有记载言张禹"试为博士。"(《汉书·张禹传》)此为史书所记载的第一次采用考试选取博士。"每选试博士，奏其能否"。(《后汉书·志第二十五·百官二》)宣帝之后，博士经过考试后得以任命成为制度。东汉仍以察举推荐和调任为主，经策试而任博士。对于被举荐者，则有了详细的规定。《百官仪》载博士"举状曰：生事爱敬，丧没如礼。通《易》《尚书》《孝经》《论语》，兼综载籍，穷微阐奥。隐居乐道，不求闻达。身无金痍固疾，三十六属不与妖恶交通，王侯赏赐。行应四科，经任博士。下言某官某甲保举。"(《后汉书·朱浮传》)这一举状对被举人就提出了道德、学术、政治和身体四个标准。且据《后汉书·杨仁传》引注《汉官仪》记载博士限年五十以上，对博士年龄上有所限定。

和帝前，博士选举严格执行，光武帝时期的伏恭和张玄均策试第一为博士。和帝时李法以贤良方正对策为博士。(《后汉书·徐防传》)而和帝后，手续逐渐简化。殇帝起，则不见策试任职的例子了。但"特征"博士却在增加。"杨震迁太常，先是博士选举多不以实，震举荐明经名士陈留杨伦等"，(《后汉书·杨震传》)这说明，博士选举在此之前已经多有不实，杨伦等人经杨震举荐而为博士是违背前制的，这也说明，随着制度的破坏，博士的水准已大不如前。政治的腐败，在博士选拔上日渐空疏。教学和品德的质量也大不如前。邓太后时，樊准上书说："博士倚席不讲，儒者争论浮丽，忘謇謇之忠。"(《后汉书·范准传》)灵帝时，博士为了自己私欲，居然"至有行贿定兰台漆书经字，以合其私文者"(《后汉书·宦官列传》)。许多记载说明，不论是才学还是品德，博士都无法与以前相比了，东汉学术风气亦随之而变。

总结而言，对博士的选用主要有以下几个方式：一为征召，如樊英、郭宪等都是经过征召成为博士；二为选试，如"颜氏博士缺，元策试第一，拜为博士"(《后汉书·儒林列传》)；三以贤良文学明经诸科进为博士，如赵咨"延熹元年，大司农陈稀举咨有道，乃迁博士"(《后汉书·赵咨传》)；李法"九年，应贤良方正对策，除为博士"(《后汉书·李法传》)；四为他官迁升，如范升便是先拜议郎，后升为博士。五为举荐，如前文提到的杨伦之辈。

二、汉代太学博士的待遇

博士作为西汉的官员，享有国家提供的俸禄。西汉和东汉在俸禄上也是不同的。《汉书·百官公卿表》载："博士，秦官，掌通古今，秩比六百石。"由此可见西汉博士的秩级为比六百石。博士的秩级西汉时为比六百石，东汉时增加到六百石，其俸禄在东汉时亦由西汉时的六十斛增加到七十斛。

除了俸禄，太学中还有供博士居住的房舍。东汉时期，在洛阳营建太学，也专门为博士筑舍。《后汉书·翟酺传》载："光武初兴，愍其荒废，起太学博士舍、内外讲堂，诸生横巷，为海内所集。"除此之外，博士有可能得到统治者另外的赏赐。《后汉书·献帝纪》记载，献帝初平四年"冬十月，太学行礼，车驾幸永福城门，临观其仪，赐博士各有差。"后汉书亦有下赐食物的例子，如羊等。而且不可忽视的是，博士虽然在食邑上只有六百石，相当于令长一级的级别，但是升迁的机会较大，有较好的政治前途。《北堂书钞》卷六十七引《汉官仪》中记载，博士中央升迁可平尚书事，到地方可以为刺史。甚至还有官拜丞相者。"元帝时，以为博士。……因幽州流民大胜，奉使行，救民急，皇帝赞誉，迁长信少府、大鸿胪、光禄勋……哀帝时，官至丞相"。"成帝继位，……以师赐爵关内侯……领尚书事，和平四年代王商为丞相"。(《汉书·张禹传》)《汉书·韦贤传》记载："兼通《礼》《尚书》，以《诗》教授，号称邹鲁大儒。征为博士，给事中，进授昭帝《诗》，稍迁光禄大夫詹事，至大鸿胪。宣帝时，因先帝师，甚见尊重，本始三年代蔡义为丞相。"

博士的俸禄虽然不多，但政治前景较好。在东汉，博士是比较受重视的官职。而且在全社会比较重视经学的基础上，博士们享有的社会地位是很高的。博士们参与政治的方式主要有三个方面，一是参与朝议，发表政见。"四月辛亥朔，日有食之。帝引见公卿问得失……御史、谒者、博士……各言封事"。(《后汉书·和殇帝纪》)二是单独面见皇帝进谏。三还可以对行政机关提出自己的建议。如献帝时，孙瑞(博士)就尚书台欲在月朔日食之日定冠礼提出过批评："按八座书以为正月之日，太阳亏暇，滴见于天。而冠者必有裸享之议，金石之乐，饮燕之娱，献酬之极，是谓闻灾不抵肃，见异不休惕也。"(《通典·礼三十八·沿革三十八·军礼三》)另外，政府有时会组织博士们校订经书，"建武初，为博士，受诏校订图谶"。(《后汉书·儒林列传》)再有，博士也是皇帝的私人咨询顾问，博士运用自身丰富的知识为皇帝出谋划策。《太平御览》有记，国有疑事便问博士得失，使其引经据典以补益国家。无论是在政治还是在文化的意义上，博士都具不一般的意义。

三、汉代太学博士的教学

太学属于高等教育，博士是太学的教师，不管博士参与政治的重要性有多大，身为教师，原则上说教书育人才是最重要的。高等学校的博士所要教授的内容也并非初级知识，而是比较高深的知识。由于太学生的主要目的是入仕，所以，教授的内容也与参政议政有关联，注重对太学生参政能力的培养。

西汉的教学安排有一个特点，先设立教师岗位，由所聘请的教师决定专业的设置，入学学生从所开专业中择师就学，然后参与相关考试。这使得太学的专业设置与博士的设立相关。博士的变化就会导致专业的演变。但在博士设置和专业设置上，也同受多种因素影响。首先，太学是中央官学，它的专业设置自然要和统治阶级的要求相关。再者，由于经学自身的发展产生了家法和师法。西汉重视“师法”，东汉重视“家法”，经学内部分化产生了今古文经学之争。二者争立博士，这对专业的设置有一定的影响。而也是在这争论之中，古文经学意识到了自身的缺陷，开始和今文经学进行融通。贾逵就对古文经学进行了改造和发展。自然，受政治的影响，太学的专业设置也和皇帝个人喜好有关。例如宣帝喜好《谷梁春秋》，而立博士。

经学是太学教学的主要内容，而太学博士基本上为专经博士，太学生择师而学，习得一经即可。而博士传经，有一定的师承关系，不能乱。这叫守师法和家法。先有师法后又家法，师法和家法是源流关系。从西汉开始，帝王为了思想统一，就明确规定经学教育中要严守师法。一经的大师，得到朝廷的尊信，立为博士，那么他所传授的经学，便能够成为师法，再传下去，他的弟子继续将之发展，成为小的派别，这就叫作家法，例如“颜氏公羊(颜安乐)”“严氏公羊(严彭祖)”便是。经师传经，如果不能严守师法家法，便不能进太学做博士，即使当上了博士也可能被赶出太学。例如西汉孟喜从田土孙学“易”，因改师法，便不能进太学当博士。东汉光武帝规定立五经博士，以家法教授。恪守家法师法，不仅会造成思想的禁锢，还易导致“经有数家，家有数说。”后人学习既要恪守家法陈说，又要做学问混饭吃，结果就只能是繁其枝条，穿求崖穴，以合一家之言。章句小儒自不必言，即使经学大师的著作也往往难以在思想上有所突破。这种学术上的一统局面，无疑极大地阻碍了思想的进步。①

太学里面有正式的课业(正业)和课外自修(居学)。随着时代的变化(初为五十，昭帝时为百人，宣帝时增至两百人，元帝设千人，成帝末年增至三千人)太学生越来越多，但是博士却没有跟着增加，教师少，讲堂也少。太学博士要进行很多的课堂教学是有困难的，所以，太学没有对学生从师做统一的计划和规定，一些学生也选择多位老师学习，除了太学里面的博士还可以选择太学外的名师。如杨伦“少为诸生，师事司徒丁鸿”。(《后汉书·儒林列

① 秦彦士．汉代太学的考证与批判[J]．四川师范大学学报(哲学社会科学版)，1997(2)：98—104.

传》）

汉代太学博士采用的教学形式是大班上课以及高年级学生教低年级学生相结合的形式。皮锡瑞说："至一师能教千百人，必由高足弟子传授。"①

太学博士除了教授书本知识之外，还教授一些其他知识。颜师古注曾曰："传记及诸家之书。"《后汉书·徐释传》引《谢承书》："释少为诸生，学《严氏春秋》、《京氏易》、《欧阳尚书》，兼综风角、星宫、算历、《河图》、《七纬》……。"而在《后汉书·卓茂传》中说："元帝时学于长安，事博士江生，习《诗》《礼》及历算，究极师法，称为通儒。"由此推知，在太学中，学生所学，博士所授还有与日常生活紧密联系的实用性知识。太学博士虽是精心挑选的专业博士，但也不乏多才多艺之人，这对太学生的学习和发展是有利的。

至于教材，随着经学的发展，各家争立博士，教材的编订也被提了出来。三次大型统一经义的举措为统一教材提供了条件，分别为西汉甘露三年宣帝石渠阁会议，东汉建初四年章帝白虎观会议，综合各家各派，编订统一教材——《白虎通义》，灵帝熹平四年，正定五经，刊于石碑，立于太学之外。灵帝下诏蔡邕等，把今文五经及《公羊传》和《论语》的文字订正后用隶书写好，共大约二十一万字，作为官书，确定了经书的标准。这部石经共四十六方，表里刻字，于熹平四年(公元175)开始，八年方刻完，称为"熹平石经"。这部石经对于当时太学教学起了统一标准的作用，且对于当时社会上一般人研究经学也起到了正定文字的作用。石经成为唯一合法的教科书。

在师生关系上，太学虽然没对学生从师做硬性规定，但由于重视师法家法，师生关系还是较密切的。博士在教学中占据主导地位，具有很大的权威。在政治上，二者可以说是依存关系，二者中某一个得到重用，另外一方就会得到在仕途上的升迁。以恒荣为例，他是由于其弟子何汤授《尚书》与太子，得到光武帝赏识，追问其师，师从恒荣，恒遂得重用。而恒荣为帝师，其都讲师八人，直接补二百石官，"其余门徒多至公卿"。(《后汉书·桓荣传》)既一荣俱荣，当也一损俱损。老师获罪，学生亦会受株连。博士焦永"以事被考，诸弟子皆以通关被系"。(《后汉书·乐恢传》)师生之间，有的情深义重，令人感动。在教师获难时，弟子则会出手相救。博士范升入狱，其弟子杨政袒露其身，以剪贯身，抱着范升幼子在路边等候皇帝驾车经过，叩头请愿："范升三娶，惟有一子，今适三岁，孤之可哀。"(《后汉书·儒林传》)为此负伤也毫无惧色。光帝感动，诏令"乞杨生师"。

太学博士虽然人数较少，但是为政治的稳定发展做出过贡献。从政治上

① 皮锡瑞．经学历史[M]．上海：商务印书馆，1929：124.

看，他们不仅为政府培养出大量的后备人才，而且时常引经据典为皇帝解决了一些政治上的问题。文化上对于经学的发展和传播有着不可替代的作用。身为知名大儒，他们本身的宣传作用也不可小觑，并通过教化人民加强了政治统治的思想支柱。

良好的政治发展前途，发放俸禄，提供居所，还有较高的社会声望以及学生的推崇及统治者的信任，可以说，太学博士的生活在汉代算是不错的。但是，我认为，太学博士应该先是教师再是参政者。对于汉代政府对太学博士待遇上做出的政策，一方面对太学博士的生活是一个保证，激发他们的积极性。另一方面也是对社会的一种导向。太学博士的前途和优待，使得大量的人(包括平民)都向往这一角色带来的经济政治上的荣光，从而更加努力学习经学。对于统治者来说，这也加强了思想控制。

列女与贤媛
——范晔与刘义庆家庭女子教育观之比较

张可煜

摘　要：本文以《后汉书·列女传》和《世说新语·贤媛》为文本依据，对范晔与刘义庆的家庭女子教育观进行比较分析。范晔所描绘的列女式女性，注重对女子温柔敦厚的淑女品性的培养，主要表现为一种主内式的家庭女子服务角色。由于时代风气所变，刘义庆笔下的贤媛式女性，更加注重对女性清奇脱俗的才女气质的凸显，这样的女子角色已偶现“自我”之意识，亦使德才兼备的传统理想化女性形象的塑造更显完备。

关键词：列女；贤媛；范晔；刘义庆；家庭女子教育

一、“列女”与“贤媛”之意涵

范晔在《后汉书·列女传》中记录了后汉妇女的事迹，刘义庆在《世说新语·贤媛》中对魏晋妇女进行书写。“列女”与“贤媛”是中国古代妇女史中典型的两类传统，二者皆承于西汉刘向《列女传》。范晔与刘义庆所言之列女与贤媛虽同源，标准却有相歧之处。

中国传统小农经济“男耕女织”的分工，使女性的生活往往以家庭为轴心，与社会脱节。范晔《后汉书·列女传》中记录的后汉时期的女性事迹符合当时的时代特征。首要强调对女性的家庭伦理道德教育。再者是家务技能方面的教育，比如对纺织等“妇功”的重视。当时的官宦家庭中，对女子也有一定的文学教育，譬如蔡琰、班昭等读儒经以及汉赋。范晔继承并发展了汉代儒学的思想，《后汉书·列女传》中，女性以自己的德行劝诫丈夫和子女，女子教育要发挥的作用除却“戒天子”，还有“昭管彤”。“《诗书》之言女德尚矣。若夫贤妃助国君之政，哲妇隆家人之道，高士弘清淳之风，贞女亮明白之节，则其徽美未殊也，而世典咸漏焉。故自中兴以后，综其成事，述为《列女篇》。如马、邓、梁后别见前纪，梁嫕、李姬各附家传，若斯之类，并不兼书。余但搜次才行尤高秀者，不必专在一操而已。”(《后汉书·列女传》)譬如其中录入的班昭为兄续书，参与政事，提出当时的妇女教育规范等事迹，尤其体现“不必专在一操而已”。可见，范晔的《后汉书·列女传》在刘向《列女传》的基础上进行了继承和发展。然而刘向所著中《孽嬖传》这一部分在范晔的著述中却并未特别强调，可见由“戒天子”到“昭管彤”的侧重点转变。而在“列女”意涵的本质规定上，范晔则仍强调应以注重女性温柔敦厚的淑女品性为主。

魏晋时期，女子在家庭教育中的地位有很大转变，家庭教育的对象不再仅限于男子，部分女子也拥有这一权利。其时“玄学盛行，才能、学识、个性、真情为世所重”。[①] 譬如《世说新语·言语》中记录的才女谢道韫，“未若柳絮因风起”一句得到谢安称赞，比其兄的“撒盐空中差可拟”更胜一筹。李敬在《魏晋夙惠风尚研究》一文中，由“谢安在对子孙进行文学考核时，谢道韫都有参加并表现甚佳”，推断“在日常的家庭教导中，也定有谢道韫的参与”，作为长辈的谢安“在后辈子孙的教育上并不排斥女子，相反，对才华出众的侄女谢道韫很是欣赏和喜爱”。[②] 谢道韫作为刘义庆笔下的“贤媛”，具有一种清奇脱俗的才女气质，这种“贤”与范晔所强调的“贤”内涵已有所不同，而背后实则是魏晋玄学中的“贤”与汉代儒学中的“贤”之不同。

二、女性家庭身份之异同

《后汉书·列女传》与《世说新语·贤媛》中皆对孝女的楷模大加推崇，而女儿这一身份是古代女性家庭身份之中最基本和最初生成的，《后汉书·列女传》与《世说新语·贤媛》中对孝女楷模的衡量标准基本相同，而二者在对为女之孝的具体表达方式和行为表现的上则有所不同。曹娥和叔先雄作为《后汉书·列女传》中以“孝”为彰的代表女性，其“孝”蕴含儒家“忠义”思想，皆体现为一种自我牺牲的意向。同此，《世说新语·贤媛》中络秀的故事也具有“孝”的自我牺牲的鲜明色彩。然而，刘义庆的《世说新语·贤媛》中教育女子的“孝”观与范晔的却有所不同。刘义庆提倡的女子的“孝”不是“发乎情，止乎礼”，而是情感浓烈、随意放纵，不遵礼法的。

范晔和刘义庆均认为，妻子要以美德承担相夫之责。(《后汉书·列女传》)有载：乐羊子在路上拾到金子回来交给妻子，妻子一说“志士不饮盗泉之水，廉者不受嗟来之食，况拾遗求利，以污其行乎”，妻子的廉洁美德使乐羊子感到羞愧，于是弃金于野，到远方求学。羊子求学途中回家，妻子用“断

---

① 钱南秀．列女与贤媛：两种汉文化圈妇女历史书写——以日本德川、明治时期为中心[M]//杨联芬，主编．性别与中华文化现代转型．北京：东方出版社，2017：3.

② 李敬．魏晋夙惠风尚研究[D]．广州：暨南大学，2010：25.

织”类比“中道而归”，羊子有所感悟，复而求学，直到学成，七年未归。(《世说新语·贤媛》)亦载：谢太傅的妻子刘夫人“帏诸婢，使在前作伎”，让谢太傅看了一会儿便放下了帷帐。谢太傅想要掀开帘子再看，刘夫人以“恐伤盛德”来劝诫谢太傅。相较而言，刘义庆《世说新语·贤媛》中，对作为妻子的女性以聪慧和才智“相夫”更是大着笔墨。例如，《世说新语·贤媛》中便记有这样一桩事迹：“许允为吏部郎，多用其乡里，魏明帝遣虎贲收之。其妇出诫允曰：‘明主可以理夺，难以情求。’既至，帝核问之。允对曰：‘举尔所知。臣之乡人，臣所知也。陛下检校为称职与不？若不称职，臣受其罪。’既检校，皆官得其人，于是乃释。”许允之妻聪慧，为丈夫出谋划策，许允用其策略，成功消解了魏明帝的疑心。此外，范晔对于妻子应顺从于丈夫这一点相较于刘义庆则更为强调。他赞同班昭的女子教育思想，强调对丈夫要敬顺。而刘义庆笔下的贤媛则对丈夫常有机辩言语的不同表现。“许因谓曰：‘妇有四德，卿有其几?’。妇曰：‘新妇所乏唯容尔。然士有百行，君有几?’许云：‘皆备。’妇曰：‘夫百行以德为首，君好色不好德，何谓皆备?’允有惭色，遂相敬重。”(《世说新语·贤媛》)阮氏女嫁与许允时，许允因为其外貌丑陋而不愿娶她，阮氏女拉住他衣襟阻止他离开，而后阮氏女的一番君子之德的话使他惭愧，从此夫妇相敬。可见，与其夫相比，阮氏女更胜一筹的机智巧辩可谓显现无遗了。

范晔《后汉书·列女传》和刘义庆《世说新语·贤媛》中的女性在教子时都是严慈兼备，以德为本，循循善诱。“汉中程文矩妻者，同郡李法之姊也，字穆姜。有二男，而前妻四子。文矩为安众令，丧于官。四子以母非所生，憎毁日积，而穆姜慈爱温仁，抚字益隆，衣食资供，皆兼倍所生。或谓母曰：‘四子不孝甚矣，何不别居以远之?’对曰：‘吾方以义相导，使其自迁善也。’及前妻长子兴遇疾困笃，母恻隐自然，亲调药膳，恩情笃密。兴疾久乃瘳，于是呼三弟谓曰：‘继母慈仁，出自天受。吾兄弟不识恩养，禽兽其心。虽母道益隆，我曹过恶亦已深矣！’遂将三弟诣南郑狱，陈母之德，状己之过，乞就刑辟。县言之于郡，郡守表异其母，蠲除家徭，遣散四子，许以修革。自后训导愈明，并为良士。”(《后汉书·列女传》)“陶公少时，作鱼梁吏，尝以坩(鱼差)饷母。母封(鱼差)付使，反书责侃曰：‘汝为吏，以官物见饷，非唯不益，乃增吾忧也。’”(《世说新语·贤媛》)穆姜慈爱温和，用义引导和教育四个儿子，最终使四个儿子成为良士。而陶侃之母在信中则严厉批评陶侃用公家的东西，教导陶侃应清廉为官。由如上两例不难发现，在范晔和刘义庆的女子教育观中，对女子在家庭中的“母仪”作用都是极为看重的。

综上，从女性在家庭中的几重主要身份来看，《后汉书·列女传》与《世说新语·贤媛》中都对女子之“贤德”有很高要求，均主张女子应以德行学识侍父相夫教子。总体而言，《后汉书·列女传》近乎于当时的一本女德教科书，而《世说新语·贤媛》虽主要作为文学作品，本身也蕴含着独特的女德教育诉求，在这方面，范晔与刘义庆二人是有相似之处的。同时，与范晔有所不同的是，刘义庆受魏晋玄学人性平等思想的深刻影响，作品中则更多地透显出女性的主体性和自我意识，因此在女德教育方面的主张也更具女性本位色彩。

三、家庭女子教育的形式与内容之区别

“操因问曰：‘闻夫人家先多坟籍，犹能忆识之不?’文姬曰：‘昔亡父赐书四千许卷，流离涂炭，罔有存者。今所诵忆，裁四百余篇耳。’操曰：‘今当使十吏就夫人写之。‘文姬曰：‘妾闻男女之别，礼不亲授。乞给纸笔，真草唯命。’”(《后汉书·列女传》)范晔所赞同的家庭教育形式，应是男女分开，分别教学的。而在刘义庆的《世说新语·贤媛》中，如前文对谢道韫所受教育的形式已有提及，有学者推测是与家族内男子一同学习，且学习内容也有所相同。[①] 此外，《后汉书·列女传》中所强调的家庭女子教育内容，主要包含德行和纺织技术等女红，对于女子才学则提及较少。而《世说新语·贤媛》中对此方面的呈现则有所不同。例如，《世说新语·贤媛》中便有这样一条记载：“谢遏绝重其姊，张玄常称其妹，欲以敌之。有济尼者，并游张、谢二家。人问其优劣？答曰：‘王夫人神情散朗，故有林下风气。顾家妇清心玉映，自是闺房之秀。’”谢遏非常推崇自己的姐姐谢道韫，而张玄想让自己的妹妹与谢道韫比肩。有人问同两家均有往来的济尼这二人的高下，济尼用“林下风气”形容谢道韫，而评价顾家妇为“闺房之秀”，济尼虽未下判断，言辞间已高下立现。余嘉锡在本则笺疏中写道：“林下，谓竹林名士也。”[②]玄学中的“德”内涵多样，不限于儒家“德”之范畴。谢道韫有名士之风，这与汉儒中所推崇的妇德标准并不全然一致，可看出范晔与刘义庆对于女子教育的内容是有所分歧的。后者更加突出了对女性之才的显扬。

可以说，范晔与刘义庆在家庭女子教育形式与内容上不同主张的产生，正是其所处不同社会背景与时代变迁下整体家庭女子教育观的折射与反映，同时也与范刘二人的人生际遇有一定关系。魏晋后，“列女”“贤媛”本自同源的二者则越发显得各自独立，区隔也变得愈来愈深。范晔在《后汉书·列女传》的结尾写道：“赞曰：端操有踪，幽闲有容。区明风烈，昭我管彤。”望女

---

① 李敬．魏晋夙惠风尚研究[D]．广州：暨南大学，2010：25.

② 余嘉锡．世说新语笺疏：中册[M]．北京：中华书局，2007：823.

子以书中妇女楷模事迹为范，操守端正，文静娴雅。余嘉锡先生在《世说新语·贤媛》笺疏中则评论道："本篇凡三十二条，其前十条皆两汉、三国事。有晋一代，唯陶母能教子，为有母仪，余多以才智著，于妇德鲜可称者。题为'贤媛'，殊觉不称其名。"[①]可见，与《后汉书·列女传》中所倾注于女性形象塑造的普遍性价值追求有所不同的是，《世说新语·贤媛》中突显了部分女性更加鲜明的个性化形象，体现了她们寻求自我价值实现的更多努力，在女性的家庭角色中，"自我"的重要性也逐渐得到发掘，"孝""贤"亦被赋予了新的含义，女子并不再是一味地做家庭的附属品或牺牲品，而是以更具主体性的身份地位，与男性成员一道共同建设和美家庭。

① 余嘉锡．世说新语笺疏：中册[M]．北京：中华书局，2007：779.

王守仁教育学说在弟子承传中的分化

王子聪

摘　要： 王守仁的教育学说远承思孟学派，近接陆象山，出入佛老，吸收各家的精髓，集心学教育之大成。王守仁极其重视教育，有教无类，门下弟子桃李芬芳，弟子们在对王守仁教育学说的承传中进行了各执己见的解读，造成了分化不一的局面，这主要表现在对王守仁的“四句教”、知行合一以及施教与为学等教育学说的分化上，而时代背景及王守仁与弟子们的个体特点则是造成分化的主因所在。

关键词： 王守仁；王门弟子；四句教；知行合一；致良知；分化

王守仁教育弟子以孔子为榜样，主张有教无类，培养了诸多的门生弟子。主要一代弟子有王艮、王畿、钱德洪与欧阳德等人。关于王守仁的弟子，明人文集记载，仅晚年绍兴讲学，来听讲者就有两三千人。有人说“不啻三千徒。”[①]王守仁教育对象的广泛性决定了其必然会有非常多的门人弟子，而且“王守仁讲学的平民化决定了其弟子人数的虚拟化”，[②] 可谓是桃李满天下。王守仁的教育从一开始的士大夫身心修养的自我教化，转为各个阶级尤其是普通人的社会教化问题。“王守仁讲学，传播极快，学校教育，逐渐转移变成社会教育。”[③]这与当时的时代背景也是分不开的，市民阶级的繁荣，更多的人有学习的意愿与机会，王守仁也愿意接受普通人来学习，具有大众化的普世倾向。王守仁一生依循先贤所诲，努力立德立功立言，非常重视教育，乐于得天下英才而教之，招收了众多的弟子，为王守仁学说的后续发展做了重要的人才积淀，可谓是做到了“一生以讲学为天下首务”。[④] 王守仁讲学方式从完全依托于学校书院，转向以社会和宗族为平台，不拘泥于形式。“昔王守仁督兵

---

① 王宗沐．敬所王先生全集：卷一[M]．刻本．1575(明万历三年)．

② 钱明．王守仁及其学派论考[M]．北京：人民出版社，2009：270．

③ 钱穆．国史大纲[M]．北京：商务印书馆，2005：305．

④ 佐藤一斋．传习录栏外书：卷下[M]．东京：明德出版社，2017．

于赣，与学士大夫切劘于圣贤之学，四方之过宾，皆得授业问道。”[①]而且即使是戎马倥偬中仍然不忘教学。“先生密檄进剿，至捷报，生徒方听讲，视其文移，则皆讲日所发也。”[②]流传为后世的美谈。王守仁的门生弟子在承传其师的教育学说的过程中，出现了种种分化，这里面既有时代变迁的宏观历史原因使然，又有王守仁及弟子们各具特色的个性化原因的影响。

一、四句教的分化

王守仁在嘉靖六年(1528)受命出征思恩、田州平乱。启程前夕，在越城天泉桥上提出四句教言，曰：“无善无恶心之体，有善有恶意之动，知善知恶是良知，为善去恶是格物。”如陈荣捷先生所说，“无善无恶”犹“无有作好、无有作恶、是谓至善。”[③]“无善无恶”表示心体具有超越善恶的含义，亦表示绝对至善。在此王守仁强调心之本体是无善无恶的，即是至善的。王守仁的“心即理”说阐释了心与理的关系，这一命题的含义之一是理内化于心而构成心的内容，心体具有至善的性质，就其不限于理而具有多重规定并有相应的内涵多重发展可能言，心体又表现出无善无恶的特点。[④] 心体的无善无恶蕴涵着可善可恶。性之本体，原本是无善无恶的，发用上却是可以为善、可以为不善的。从本体上来讲，无善无恶是心的先天本然状态；从后天发用上来讲，本体有向善恶两方面发展的可能性。王守仁继承了思孟的性善论，认为人有恻隐之心，他说：“知是心之本体，心自然会知。见父自然知孝，见兄自然知弟，见孺子入井自然知恻隐，此便是良知，不假外求。”[⑤]在此基础上，王守仁还发展了孟子的良知论，把“良知”置于本体的高度，他说“良知”是“造化的精灵”，它“生天生地”，是“与物无对”的宇宙根源，这样，“良知”就与“天理”同一了，成为本体论的范畴，他说：“良知即是天理”[⑥]他自己解释道“夫心之本体，即天理也，天理之昭明灵觉，所谓良知也。”[⑦]为善去恶是讲“致良知”的方法与途径。在王守仁看来知善知恶本身并不是终极目的，良知虽先验存在于人心之中，但却容易受到私欲蒙蔽。因此，知善知恶之后，必须行继之以为善去恶

① 罗洪先．罗洪先集[M]．徐儒宗，编校．南京：江苏凤凰出版社，2007：138.

② 叶权．贤博编[M]．北京：中华书局，1987：16.

③ 陈荣捷．王守仁传习录详注集评[M]．上海：华东师范大学出版社，2009：141.

④ 杨国荣．心学之思：王守仁哲学的阐释[M]．北京：生活·读书·新知三联书店，1997：235.

⑤ 王守仁．王守仁全集[M]．北京：北京燕山出版社，1995：722.

⑥ 王守仁．王守仁全集[M]．北京：北京燕山出版社，1995：949.

⑦ 王守仁．王守仁全集[M]．北京：北京燕山出版社，1995：1731.

的工夫。王守仁的格物，是在事事物物上去为善去恶，在这里格物不是单纯的考察客观事物，而是改变自己的所思所念，为善去恶的格物工夫必须紧扣致知格物来了解。“致知格物”就是把吾心“良知之天理”扩充推致到事事物物，使之皆有其理，使事事物物都与吾心的良知相符合，这样才可以将致知工夫在格物处落实。四句教相辅相成，共同构成了心学的体系，万万不可断章取义。

王艮在王守仁“良知”说的基础上形成了良知致。王守仁对“致知”的解释，“致知”是认识到哪里，就做到哪里，他说：“我辈致知只是各随分限所及，今日良知见在如此，只随今日所知，只随今日所知，扩充到底；明日良知又有开悟，便从明日所知，扩充到底。”①“致”字在王艮那里有发明、推广、运用之义，即“良知的发用”。王艮不赞同罗洪先从扩养角度解释“致良知”，认为这与孟子之说相似。王艮把“致”字放到“良知”之后，意思是要强调“致”是“良知”的结果，“良知”不用扩养，只须根据“良知”去做，即“良知”是自然而然的。在这里，王艮强调了王守仁“致良知”的依良知而行，在具体的行动中实现良知之所觉、所感，这才是“良知之发用”。由此，王艮继承并发挥了王守仁“良知的发用”方面，提出了不同于王守仁的“良知”说的“良知致”之说。

王畿在天泉证道中，提出“四无说”，以虚、寂作为其心体的本质特征。首先从认识作用来看，龙溪认为“人心本虚”②心的思维，正因为虚，才能不虚，才有认识万物的无限可能，也才能认识万物。在四句教中，王畿认为心与意、知、物是演绎的关系，那么心既然为无善无恶，意、知、物也都应当是无善无恶的，因此他提出了“四无说”即心无善无恶，意无善无恶，知无善无恶、物无善无恶，并坚持自己的立场。王守仁认为四无说是为上根人立教，四有说是为下根人立教，他在理论上虽然没有否定王畿的四无说，但在实际上又坚持说其难以付诸具体的道德践履。要中下根人超越现实的道德准则，对大多数人来说是不可能的，如果把现实的善恶观念一概否定，就会产生道德虚无主义的流弊。他的同门王时槐评价说：“心、意、知、物皆无善无恶，此语殊未稳。学者以虚见为实悟，又依凭此语，如服鸩毒，未有不杀人者。”③我觉得评价还是比较到位的，王畿本身学说无问题，只是前提要求过高，不适用于大多数人。龙溪非常不满钱德洪的观点，虽然没有明确表达，但是这种态度好像还影响到了浙中王门的其他人，比如季本、周汝登、陶望龄等人，

① 王守仁．王守仁全集[M]．北京：北京燕山出版社，1995：923．

② 王畿．王畿集[M]．吴震，编校．南京：江苏凤凰出版社，2007：383．

③ 王时槐．塘南王先生友庆堂合稿・三益轩会语：卷四[M]．

也很少评论或者提及绪山，进而从另一个侧面证明了绪山被边缘化的事实。①钱德洪在天泉证道中的四句教中，提出“四有说”，他首先基本上肯定心体是无善无恶的说法，但他认为人总有习心在，所以意念上毕竟有善有恶，则须以格物致知的工夫为善去恶，从而还原至善的心体。所以，他认为王畿从“无”上立根，根本不算有工夫可言。他强调了为善去恶的不可或缺性。钱德洪为四句教辩解，但是却并没有通透四句教的全部意旨，只代表了一种侧重“用工夫以复本体”的思想格局，这就是“四有”。钱德洪四有说之有的意义，还需从心体至善的层面上和心体无善无恶的层面上去分析把握。在四句教中，钱德洪坚持四句教为定论，即为确定不变的法则。钱德洪认为，否定意念有善恶，并否定在意念上下为善去恶的工夫，那就根本取消了工夫，因此他坚持维护四句教特别是为善去恶工夫的立场，提出并坚持四有说：“至善无恶者心，有善有恶者意，知善知恶者良知，为善去恶者格物。”王守仁对于他既有肯定，又有批评，认为四有说是为下根人立教，他在理论上虽肯定了钱德洪的四有说，但却承认他有未彻悟本体而只强调渐修工夫的偏颇。钱德洪对龙溪也是屡有微词，有意无意地向外界透露自己与龙溪之间自“天泉辨正”后仍在继续着的意见分歧。比如在父亲心渔翁去世后，绪山不找就在身边的龙溪为之撰墓铭、写祭文(包括心渔翁诗集序)，而是不远千里地去求助于甘泉、东廓和念庵等人。还有后来编撰《王阳明年谱》时，绪山又居然把修改考订这样的大事交给对王守仁行迹并无太多了解的念庵去做，而把一直跟随王守仁的龙溪撇在一边。其中两人的矛盾可见一斑。②欧阳德承续王守仁的“良知”说，肯定良知是“天理的昭明灵觉”的先天性、是判断是非的道德标准的“是非之心”以及“思是良知的发用”，并提出“良知即是独知”观点。以“独知”来解释良知、致知和慎独。强调“良知”本体至高无上的本体地位以及道德判断的功能。而“循其良知”则是一种工夫修养，“良知”的本身自足、完美而又不可损益的特性，使其本身就具有了判断天地万物是非善恶的能力。但是“良知”却容易被私欲所蒙蔽，所以必须通过工夫的修养来恢复“良知”自身的本来面目。在与罗整庵关于“良知”的辩论中，欧阳德采用“体用一源”的方法论，说明“良知”与“知觉”二者之间的体与用的不离、不杂的关系，辩驳罗整庵继承朱熹的理气分殊、理先气后的思想，反对以“良知即是天理”视之为“以知觉言性”的观点。从此辩论中更加突显欧阳德“良知”说的自身特色。我们就可以看出欧阳德引申师说，以“独知”来论释“良知”“致知”和“慎独”。突出了“独知”在“致

① 钱明．浙中王学的兴衰：以钱德洪、王畿关系为主线[J]. 教育文化论坛，2010(2)：21.

② 钱明．浙中王学的兴衰：以钱德洪、王畿关系为主线[J]. 教育文化论坛，2010(2)：21.

良知"中的地位和作用，强调了道德主体自身进行道德判断和评价的能力。

二、知行合一的分化

王守仁针砭时弊，彻悟"良知"后，为了挽救每况愈下的社会道德，补救程朱"知先行后"的偏颇，于正德四年揭示"知行合一"之说。王守仁强调了"知行合一"基本内容就是知行本体合一并进。所谓"真知"就是知的真切笃实，并付诸躬行实践。真知即是知，亦即是行，王守仁所讲的"复那本体"，便复"知行本体"，其目的便是隔断私意，纠正知行脱离之弊病，欲复"知行本体"，必先除私欲之弊，复"良知"虚灵明觉之发用流行，其目的就是达到"知行合一"之教的宗旨。"知"和"行"是不可分离的，也是融为一体的，主要体现在"知是行的主意，行是知的工夫；知是行之始，行是知之成"两个方面。王守仁认为躬行实践过程中离不开知的指导，同样"知"也离不开"行"。正所谓一个"知"在，必有一个"行"在；一个"行"在，必有一个"知"在，知与行相互融为一体。如果"知"离开了"行"就是陷入了"悬空思索"，如果"行"离开了"知"的指导就会陷入"冥行妄作"，正因为当时社会存在着知行分离，所以王守仁才为补救时弊提出"知行合一"的主张，主要针对朱子"知先行后"之说而言。如果按照朱子的理论，要想行路必先知道路可行，方可行路，想吃食物，必先知食物可吃，方可吃食物。王守仁反驳道："待知的真了方去做行的工夫，故遂终身不行，亦遂终身不知。"但是若要等知的真切了才去躬行，就会导致终身不"行"，终身不"知"。因此，知在实践中起到指导作用，"行"在"知"中起到磨炼作用，知行之间相互联结，相互渗透。"知是行之始，行是知之成"是从动态发展过程中把握"知""行"的相互渗透、相互融合，体现了知行发展是一个系统过程。知属于意识范畴，亦可以作为实践的指导与开端。而行使知得以实现。按照王守仁的立场，知并不是"可以说"是行，行也不是"可以说"是知，知与行就其本来的意义就是互相包含的，而且我们可以说王守仁的知行"合一"可以被理解为"同一"，也就无所谓知是行之"始"，或行是知之"成"，"始"和"成"正是表示这两个范畴和它们所对应的对象并不是完全同一的。最终的结论就是知而必行，行而必知，实现知行合一。

王守仁既强调"知"，也强调"行"。他批评朱熹把心与理、知与行割裂开来，认为"即物穷理"的方法是"务外遗内，博而寡要"。强调学与行不可分，学、问、思、辨与笃行，是学的过程，也是行的过程，"尽天下之学，无有不行而可以学者。"(《王文成公全集・答顾东桥书》)他坚持"知行合一"说，要求把"知"与"行"紧密结合起来。王艮也认为学习要注重从"知"与"行"两个方面入手，"知"的目的是明道，通过明道而去"改造社会"，即落实到行上。但在获得“知”的路径上两人却有着极大的区别。王艮不同意王守仁的事物之理在我心里的观点，他认为事物之理存在于事物之中。他提出“即事是学，即事是道”的观点。所谓“即事是学，即事是道”，也就是说要从客观事物中去学习，去求道，学问和道理存在于客观事物之中。只有从日常生活的生产实践中去学习、去探求，才能够获得知识的道理，获得对客观真理的认识和把握。他认为真理不是在天上，也不在心中，而是在现实的客观事物之中，在百姓日用之中。所以他提出“百姓日用是道”的著名观点。所谓“百姓日用”，是指人民群众的生活和生产活动。所谓“百姓日用是道”，是指道、真理存在于百姓日用之中。所以他说：“圣人之道，无异于百姓日用，凡有异者，皆是异端。”“百姓日用条理处，即是圣人之条理处。”(《王心斋先生遗集·卷一·语录》)就是说，凡符合百姓日用的，就是道，就是真理；凡不符合百姓日用的，就不是道，而是异端。所以要学真理，就要到人民群众的生活和生产活动中去，在具体的社会生活实践中学到“道”，学到真理。正如他在一首诗中所说：“瑞气腾腾宝韫山，如求珍宝必登山。”(《王心斋先生遗集·卷二·诗附》)要获得知识，取得“珍宝”，必须亲自实践，攀登高山，才能如愿以偿。当然，王艮在强调在实践中获取知识，学习真理的同时，也强调刻苦学习书本知识。他提倡“以经证悟，以悟释经。”(《王心斋先生遗集·卷一·语录》)王艮认为每一个人都要刻苦学习。他说：“孔子虽天生圣人，亦必学诗学礼学易，逐段研磨，乃得明彻之至。”“孔子之时中，全在韦编三绝。”“人之天分有不同，论学则不必论天分。”(《王心斋先生遗集·卷一·语录》)在王艮看来，尽管人的天份有高低之分，但是学习上成就大小并不依赖于天分，只要像孔子那样用“韦编三绝”的精神去刻苦学习，“逐段研磨”，就能学有成效。他经常教育学生要有孔子那种“不耻下问”，“入太庙每事问”的好学精神。

三、施教与为学的分化

王守仁将“明人伦”作为教育的根本目的，作为培养圣贤的学问。他肯定教育的目的是“明人伦”，而其理论基础是“致良知”说。他认为人人都有“不待学而有，不待虑而得”的“良知”。但“良知”在圣人和一般人之间是不同的，圣人天理纯全，良知常在；而一般人良知常被私欲所蒙蔽，因此他说：“若良知之发，更无私意障碍，所以须用致知格物之功，胜私复理。”(《王成文公全集·传习录上》)即他认为“致良知”就是“存天理，去人欲”，以实现“明人伦”的教育目的。王守仁主张教育的目的就是要找回自己的“良知良能”。“明人伦”是儒家教育目的的基本要求，它是“成圣成贤”的更高道德境界的基础。实现目的的方式是“学以去其昏蔽”，即在于发明本心所固有的“良知”，驱除物欲对“良知”的蒙蔽，扫清私欲的障碍，还个体本真的良心。而学校和书院教育为了实现“去其昏蔽”的目的，采取通过读书“以开其知觉”的方式来启迪良知。因此，读书以启智虽不是最终目的，却是实现“去其昏蔽”，实现“致良知”的重要手段。可见，教育的最终目的还是实现自我本体的发掘。

王守仁在教学中认为学生是学习的主体，只有学生自己体会和悟出的道理才能使学生真正的提升道德素养和认知，才能更加具有是非指导性。从蒙学开始，重视学生的全面发展，尤其注重德育方面。教学既有教无类，又注重学生的个体特点、因材施教。较为宝贵的是王守仁轻举业，对应试教育持否定态度，“世以不得第为耻，吾以不得第动心为耻”。与官学相抗衡，创立书院。其所创书院以宣扬心学为主，且其心学一直作为朝廷正统学说的对立面而存在。王守仁具有思想解放精神，敢于冲破程朱理学的束缚，独成一家，突破了当时思想学术沉闷、死气沉沉的局面，为学术创新做出了贡献。他将圣人的概念通俗化，主张只要将自己内心的蒙蔽去掉，恢复天理之本源，致良知，人就可成圣，在客观上起到破除个人崇拜的效果。

王艮继承师说，更加重视教育的作用。王艮把教育看成是“位天地，育万物”的伟大事业，是“尧舜事业”。他说：“致中和，天地位焉，万物育焉。不论有位无位，孔子学不厌而教不倦，便是位育之功。”当然，王守仁与王艮虽然都从治理天下的角度阐述了教育的重大意义，但王守仁的直接教育目的就是培养圣仁人物，而王艮则不然。他认为，教育是为了改造社会，实现“人人君子，比屋可封”的社会理想。所以在教育过程中，既要重德(明人伦)，也要重智(文艺)，当然也要处理好德智关系。用他的话说就是“先德行而后文艺”。他说：“教之有方唐虞三代备矣。昔者尧舜在上，忧民之逸居无教而近于禽兽也，使契为司徒，教以人伦三代之学，皆所以明人伦也。……先德行而后文艺，明伦之教也。”在他看来，唐虞三代之所以“教之有方”，就在于重视“明人伦”的道德教育。他还说：“父兄以德行教之，子弟以德行学之，师保以德行勉之，乡人以德行荣之，是上下皆趋于德行，躬行实践于孝悌忠信礼义廉耻之间，不复营心于功名富贵之末，而功名富贵自在其中矣。”可见王艮对德是非常重视的，当然他也要求重视文艺教育，但必须坚持“德行为重，文艺为轻”的原则。

教育目的不同，所以教育对象也有区别。王守仁的教育对象主要是为官之人及官宦子弟为主，而王艮则主张更加彻底地实施平民教育。王艮更好的发扬了孔子“有教无类”的优秀教育传统，使教育对象平民化。如他在家乡讲学时，就在自家的门上写着：“此道贯伏羲、神农、黄帝、尧、舜、禹、汤、文、武、周公、孔子，不以老幼贵贤愚，有志愿学者，传之。”所以，邻里、乡人、盐民、灶丁都成了他的教育对象。在教育对象上王艮与王守仁之所以出现这种差异，主要由于两人对“人”的看法不同。王守仁虽然也讲“圣人”和常人都有良知，他说“人胸中各有个圣人”，“良知之在人心，不但圣贤，虽常人亦无不如此。”提出在“良知”面前，圣愚平等，但是，王守仁的圣愚平等是有条件的，他认为圣人与常人不同，常人“动于欲，蔽于私”，常人只有去除私欲，才可转为圣人。他说：“唯圣人能致良知，愚夫愚妇不能致，此圣愚所由分也。”他还认为，即使说圣人和常人都有“良知”，但两者也不相同，这个不同就在于“圣人”的“良知”常在，天理纯全，而常人因受了习俗影响和私欲蒙蔽，“良知”被湮没，故不能知道“义理”。而王艮则把老百姓提高到与圣人同等的地位。他认为，圣人和老百姓天生平等。据《王成文公全集·传习录下》记载：有一次王艮外出回来，王守仁问他见到了什么？王艮回答：“见满街都是圣人”。可见王守仁与王艮的圣愚平等观是有不小的差异的。王艮按照自己的理想把“圣人”塑造成为没有特权的平民。他说：“夫子亦人，我亦人也。”但这并不意味着王艮否认圣、愚之间的差别，他同样也承认二者的区别，只是他把这种不同归结为知识上的“先知”与“后知”，这不仅体现出了当时的社会特征，与王艮的出身背景也是分不开的。王艮出身在社会底层的灶户家庭，因家贫而辍学“就理家政”，成为了一名灶丁。灶丁的生产条件极其恶劣，并且要受政府的严重盘剥。王艮就是在这样的环境下长大的，这种社会最底层的生活经历为王艮日后启发下层普通百姓的教育观念打下了基础。[①] 王畿继承王守仁圣凡平等无间的思想，提高了庶民的地位，有思想启蒙作用。如王守仁说过：“人胸中各有个圣人。”还说过“良知良能，愚夫愚妇与圣人同。”但是也指出“与愚夫愚妇相同的是谓同德，与愚夫愚妇异的是谓异端。”王畿正是在此基础上提出了“现成良知”说，将王守仁的这一思想进一步明确和凸显出来。圣凡平等的思想提高了庶民的地位，对知识的普及及知识平民化有巨大的推动作用。这一思想还有助于平民从以往受压抑、受束缚的文化思想下解放出来，对推动个性的解放、提高庶民的个体意识有巨大的作用。它使人们更相信自我，更相信自我价值的存在，有思想启蒙作用。

且无论是王守仁还是王艮在学习问题上都有一个共同的观点——提倡“乐学”。王守仁把“乐”(人的主观感情)提到本体的高度。他认为“乐是心之本体，虽不同于七情之乐，而乐亦不外七情之乐”。(《王成文公全集·传习录中》)他

① 王冰．王艮教育思想研究[D]．西安：陕西师范大学，2012.

还针对自宋明以来束缚儿童身心的错误教育方法，提出了自己的教育主张。比如批判传统蒙学不顾儿童天性，主张顺应儿童的天性，并且“随人分限所及”等等。王艮在学习问题上继承了“乐学”，同样把“乐”(人的主观感情)提到本体的高度。他还为此作了一首《乐学歌》，歌词写道：“人心本自乐，自将私欲缚。私欲一萌时，良知还自觉。一觉便消除，人心依旧乐。乐是乐此学，学是学此乐。不乐不是学，不学不是乐。乐便然后学，学便然后乐。乐是学，学是乐，于乎天下之乐，何如此学，天下之学何如此乐”。(《王心斋先生遗集·卷二·乐学歌》)王艮认为学与乐是密切联系，互为条件，相辅相成，不可缺一的。但是在如何实现乐学上，王守仁与王艮却有很大区别。王守仁认为，学习者不乐学是因为教学方法机械，教育手段粗暴，甚至用以体罚，由此造成学业上无长进，师生关系严重对立，甚至视学校如监狱。故必须据儿童“乐嬉道而惮拘检”的特点进行教育，他把儿童比作栽培花木。他说：“今教童子，必使其趋向鼓舞，中心喜悦，则其进，自不能已。譬之时雨春风，沾被卉木，莫不萌动发越，自然日长月化。”(《王文成公全集·训蒙大意示教读刘伯颂》)他认为这种“趋向鼓舞，中心喜悦”的办法，才是积极的教育方法，才能使儿童们的学习快乐，日有长进，正如春风时雨被及草木一样。所以更是提出了“随其分限所及”的主张。然而王艮认为，人不能获得真乐是因为人心有时被私欲所缚。他说：“日用间毫厘不察便入于功利而不自知，盖功利陷溺人心久矣。须得见自家一个真乐。”(《王心斋先生遗集·卷一·语录》)而要得见自家一个真乐，就要超越功利欲求，摆脱私欲困扰，其方法就是学习。通过学习，“一觉便消除，人心依旧乐。”可见，王艮认为学习本身就是一件乐事。他还认为，要使学者做到“学是乐”“乐是学”，关键是教学不要“累人”。《王阳明年谱》记载：“(王)汝贞持学太严，先生(王艮)觉之，曰：‘学不是累人的’。因指旁斫木匠示之曰：‘彼却不曾用功，然亦何尝废事。’”(《王心斋先生遗集·卷三·年谱》)为了实现不“累”而学，王艮在教学中采用了简易直接、启发诱导、循循善诱的教育方法。王艮的学说基本上是继承孔孟儒学，但它又不同于正宗经典儒学，而是将正统儒学变为了平民儒学，他自称是“百姓日用之学”。在他看来，儒学理论是一种“至简至易”之道，此至简至易之道，视天下如家常事，随时随地无歇手地，故孔子为独盛也。王艮在讲学中不仅把儒学的内容通俗化，而且善于联系生活实际进行启发诱导。儒家自孔子开始就有强烈的入世精神和济世情怀。入世为官，既可践履儒家治国、平天下的政治抱负，又可实现士人自己的人生价值。龙溪亦曰：“儒者之学，务于经世”，(《王畿集·卷十三·王瑶湖文集序》)然而同门弟子、友人或被杀或被谪，仕途道路之断灭，扼杀了龙溪政治抱负。然而，儒者的积极入世精神是无法扼杀的。它以一种曲折的形式在王畿身上表现出来。王畿效法孔子，周游讲学。可以说在讲学上耗费了诸多心血。

结语

王门弟子在王守仁教育学说承传中的分化主要沿着两个方向发展。一是把王学推向极端，强调现成良知、心外无理，更为注重王学向内心的、静修方面的用力，在修养方式上偏重顿悟。二是利用王学与程朱理学中某些有共同性的内容，调和会通程朱与陆王，向程朱靠拢，强调恭行践履，主张渐修，即向外的方面的发展。[①] 关于王门弟子在承传王守仁教育学说中分化的原因，我认为首先是时代原因，因为人物是不可能脱离历史时期的。明中后期，随着生产力的发展，社会经济结构开始变化，商人的势力开始扩张，商业在社会中的地位与价值被人们重新认识，更加追求平等。政治上君主专制不断加强，统治阶级腐败，土地兼并严重，农民生活困苦不堪。思想文化上，作为正统的理学日益僵化，加之八股取士的不断强化，理学更显空疏无用，败坏学风和士风。这明显与当时的经济政治情况不相符，那么心学的变革就是必然的了。其次是王守仁及弟子个人的原因。王守仁在不同时期往往强调的侧面不同，这些曾被强调的不同侧面都可能被片面地加以发展。较西方严谨的推论来说，王守仁思想采取的理论形式同中国其他思想一样，并不严格，这就造成后来者扩张这些形式而容纳王守仁自己并不主张的内容。王门弟子学派众多，各派之间也差异极大。一定程度上是因为王守仁教授的弟子众多，出身经历各异，造成了王门弟子的学派分离。对于王门弟子的学说分化，我认同唐君毅先生的观点，王门弟子的各个代表人物的思想差异，更多的应该理解为对王守仁思想的不同侧面或不同阶段加以发挥的结果。正所谓千人千面，每个弟子的出身背景经历不同，就会导致思想不同。像是王艮就出身在社会底层灶户家庭，成为了一名灶丁。灶丁的生产条件极其恶劣，并且要受政府的严重盘剥，这种社会最底层的生活经历为日后王艮接近下层民众、启发普通百姓的教育观念打下了基础。而王畿因同门弟子、友人被杀被谪，再加上自己的仕途多舛，使龙溪有了出世的思想，更加关注内在精神的超越问题，更加关注生死问题，毁誉问题，也就是龙溪常说的“看破生死”“打破毁誉”“全体超脱”。与此相较而言，欧阳德就与众不同，他坚持师说，推动王守

① 于化民．明中晚期理学的对峙与合流[M]．北京：文津出版社，1993：41.

仁学说的宣传，与其从政居官三十年，大半生都位居要职有很大关系。通过这几个例子，我们可以发现个人的经历确实会影响其学说思想。这不难看出，诸多因素都会造成王门弟子的学派分化。门人资性各异，不仅对致良知的理解各自不同，个人经历亦往往有别，所得也就不一样。这就决定了他们之间必然发生理论和实践上的分歧。再者，由于门人对当时思想界的弊病认识不同，从而他们为了对治这些弊病各自强调的师门宗旨也不相同。[①]

① 陈来．有无之境：王守仁哲学的精神[M]．北京：人民出版社，1991：331－332．

儒家核心文化价值观对新加坡家庭教育的影响

张睦函

摘　要：新加坡作为一个华裔人口为主体的多元文化兼容并蓄的发达国家，在其教育中体现出十分浓厚的儒家文化色彩。家庭教育是一切教育的起点、是学校教育和社会教育的基础，本文从家庭教育入手，通过仁爱观、孝悌观、忠恕观、礼义观、廉耻观等五个方面论述儒家核心文化价值观影响下的新加坡家庭教育。

关键词：新加坡；家庭教育；儒家文化价值观

一、新加坡历史与现实发展中的儒家文化色彩

新加坡位于北纬1°18′，东经103°51′，毗邻马六甲海峡南口，北隔柔佛海峡与马来西亚为邻，南隔新加坡海峡与印度尼西亚相望，并在北部和西部边境建有新柔长堤和第二通道相通。作为地处东西方交通要道的现代化商业城市，新加坡受东西方文明、价值观的双重影响，加上其移民社会的特性和殖民统治的历史，使得新加坡具有多元文化、多元民族、多元语言的社会特点。1819年英国人莱佛士在英国政府的支持下率领军队侵入新加坡岛正式开埠，吸引了一批又一批欧亚地区的移民上岛。在这之前，岛上就已经有不少华人居住了，开埠后更多的华人纷纷移居并成为主要的居民，新加坡渐渐成为一个由移民重新组合起来的社会。特殊的地理位置与多元的社会组成，使新加坡在飞速发展的同时，接受着东西方文明的双重影响。新加坡对西方先进的文明与技术的大量引入成就了今日的繁荣，但与此同时，西方的文化思想、生活方式和价值观念，也渐渐占据了新加坡社会。富有而强大的西方国家成为了年青一代崇拜的对象，西方价值观对于青年人的影响越来越深入。

1989年，新加坡时任总统黄金辉在施政演说中提到："传统亚洲价值观里的道德、义务和社会观念，在过去曾经支撑并引导我们的人民。现在，这种传统亚洲价值观已逐渐消失。取而代之的是西方化、个人主义和以自我为中心的人生观。"个人主义与享乐主义盛行、道德水平下降，随之带来了暴力、

吸毒、色情等种种社会问题。面对这些问题，新加坡总理李光耀深刻认识到儒家文化的重要性。他认为，儒家文化是中华传统文化的主体和精华，“儒家并不是一种宗教，而是一套实际和有理性的原则，目的是维护世俗人生的秩序和发展。”①他开始大力推进儒家文化在新加坡的传播。“我们的历史不是在祖先初到新加坡时才开始，它早在五千多年前中国文明的创始时就开始了。”移民到新加坡的华人是传播儒家文化的基本因子。新加坡前副总理、政治元老吴庆瑞曾说过：“华人很早以前就开始向海外移居，他们把孔子学说和儒家思想所发展出来的精神，带到所移民的社会。华人的勤奋、节俭、讲求信用，对法律的尊重，对社会的关怀，对家庭的爱护，以及对子女教育的重视，使他们不仅在海外打开新的世界，同时也保持了祖先留下的美德和传统。总之，移居海外的华人能有今天，能够为他们的后代创立下繁荣文明的社会，同孔子及儒家的潜移默化的影响有密切的关系。”②从中国来的华人自小在传统的儒家文化社会浸染，他们的精神、行为、价值观都带着浓厚的儒家色彩，“他们来到新加坡既保留了儒家的仁义礼智、忠信勤俭、勇恕正直、慎终追远等美德，也带来了儒家的风俗习惯和价值观念，这就是他们的儒家精神因子。”③五十多年来，新加坡从地域狭小、自然资源匮乏的落后小国，一跃成为“亚洲四小龙”之一、成为世界上最发达的国家之一，创造了许多令世界瞩目的经济奇迹。这令人惊叹的飞速发展中，儒家文化是不可或缺的重要因素。

在新加坡华人的文化血统中，血脉和家庭是维系亲密关系的重要纽带。“移民，首先是‘家魂’的永远伴随。移民来自儒家思想浸染了的各自家庭，在‘祖先的阴影之下’生活，其成就和荣耀属于家庭，其羞耻和落败也属于家庭。‘家魂’成为一种强有力的意识，一种有效的控制手段，一种不会枯竭的动力源泉。”④受带有强烈儒家色彩的家庭观念影响，新加坡的华人十分注重家庭教育，“我们不难发现，凡是有华人聚居的地方，他们一定出钱出力，兴办教育，华人家庭都把栽培子女当成最重要的投资。”⑤另外，政府也十分重视家庭对于年青一代的教育功能，认为家庭是培养年轻公民具有正确价值观不可缺少的地方。虽然学校可以传授道德观念或儒家思想，但学校的教师不能替代父母对产生孩子最重要的模范作用。李光耀在谈及家庭对他价值观形成的影响时说：“就像任何一个华人大家庭一样，我知道什么事情是不对的，如果去

---

① 张建立．新加坡有什么好学的[M]．北京：华文出版社，2009：40.

② 吴庆瑞．新加坡东亚哲学研究所董事局主席吴庆瑞博士的致词[J]．孔子研究，1990(1)：4.

③ 朱仁夫．儒学传播新加坡两百年[J]．云梦学刊，2003(6)：49.

④ 朱仁夫．儒学传播新加坡两百年[J]．云梦学刊，2003(6)：48.

⑤ 吴庆瑞．新加坡东亚哲学研究所董事局主席吴庆瑞博士的致词[J]．孔子研究，1990(1)：4.

做的话，我就会尝到藤条的滋味。我就知道那是不应该做的事情，我也接受这是做错了事。我在家里须对长辈有礼，我须守规矩，用晚饭的时候，必须先称呼长辈，才能进餐。从外头回到家里，或出门去之前，都得向长辈请安。这些对一个人童年的成长过程，具有潜移默化的影响。在你成长的过程中，这些夜以继日灌输进你脑海中的价值观就会慢慢萌芽。”华人父母重点培养孩子良好的道德品质，他们以儒家文化的核心价值观为教育依据，以“修身、齐家、治国、平天下”为培养目标，对传统的“五常”思想进行改造与创新，培养孩子崇高的仁爱观、孝悌观、忠恕观、礼义观和廉耻观。

二、儒家核心文化价值观对新加坡家庭教育影响的具体表现

（一）儒家仁爱观对新加坡家庭教育的影响

许慎《说文解字》中提到：“仁，亲也，从人，从二。”《国语·晋语一》中，优施说：“为人者，爱亲之谓仁。”“仁”从出现起，就表示着人与人之间的关系，并且衍生了一种行为规范或德性要求的含义。随着孔子对“仁”的思想加以省察与反思 ，将“仁”提升到哲学的高度加以系统论证与阐述，构成了以“仁”为核心的哲学思想体系。“樊迟问仁。子曰：‘爱人’”（《论语·颜渊》）。孔子把“仁”作为个人道德修养的最高境界，把“爱人”作为道德的根本要求，把“天下归仁”作为最高的社会道德理想。孔子认为 ，仁的核心思想即为爱人，主张人与人之间应当有“仁爱之心”，以此来判断人有没有良心与道德。同时认为“仁”是一切美德的总称，并赋予它许多内容，形成了孔子的仁爱观。

孔子仁爱观中仁爱的基本含义就是“仁者之爱”，即是建立在仁这种品质上的爱。仁的品质最重要的是意识到自己与他人之间的关系，即群而不分。“仁”就是讲人对人的爱，由对父母之爱、兄弟姐妹之爱，进而推及对他人之爱。仁与爱是不可分离的，就像朱熹所说“以仁为爱体，爱为仁用”[①]，所以仁爱合为一体就是主体意识到人本质的群体性和自然性的冲突，从而把索取性、短暂性、相对性的爱，转换为一种奉献性的、永恒性的爱。仁爱观主张“己欲立而立人，己欲达而达人”“能近取譬”，强调要“博施济众”，努力提升自己去帮助别人，从自己身边力所能及的事情做起，乐于助人。主张“将心比心”“反求诸己”“己所不欲，勿施于人”，要推己及人，以对待自身的行为为参照物来对待他人，学会尊重，平等待人。以此做到“在邦无怨 ，在家无怨”。[②]

受儒家仁爱观影响，新加坡的家庭教育将仁爱的观念融入进对孩子行为

① 朱熹．朱子全书：第六册[M]．上海：上海古籍出版社；合肥：安徽教育出版社，2002：683.

② 杨伯峻．论语译注[M]．北京：中华书局，2006：72.

习惯与思想道德的培育之中。新加坡家长“将生涩难懂的思想转变为通俗易懂的、能让孩子在日常生活实践中亲身感悟到的准则”，去要求、教育孩子。当代社会往往会因竞争、工作压力、利益等问题导致亲情缺失，这使得一些人缺少最基本的仁爱精神，甚至表现得极端冷漠。“仁爱”作为处理现代人际关系的重要原则，有助于构建和谐的人际关系。家长教育孩子在生活中要去爱父母、爱长辈、爱兄弟姐妹，在学习中要爱老师、爱同学、爱学校，在社会中要去关心、帮助有困难的陌生人。要富有同情心和友爱精神，要尊重种族、文化等各方面的差异，懂得理解和包容他人。这使得孩子们在行动中加深了对“仁爱”的理解，在爱的体验中学会了去分享自己的快乐，在尊重差异中扩大了对社会的认同，在包容多样中增进思想共识。新加坡家长会鼓励孩子积极做义工，在帮助人的过程中，将仁爱的思想内化，加深对生命的感悟。此外，家长均以身作则，在严格要求自己的基础上，为孩子做出良好的榜样。他们积极参与社会慈善事业，捐款并在工作之余做义工，为福利团体无偿服务。在地铁站、商店门前、广场边可以看到很多手捧小铁箱，为慈善募捐的人；超市收款台上，会有贴了爱心标志的筹款箱，付过款的顾客大都愿意将零钱放进筹款箱，为慈善尽一点力量。人们在拥有了财富后，又用财富来回馈社会，所以，在新加坡几乎看不到乞讨者。在家长的言传身教下、在社会慈善成风的环境中，孩子自然会养成仁爱的品质。这种培养方式非常适用于拥有多元文明的新加坡，有利于促进种族和谐、宗教宽容，使人们平等、和谐、和平、相互关爱地生活在一起；并且为社会塑造有用的、忠实的好公民提供了基础与保障，从而建立一种“利益多元化基础上的宽容与理性的社会环境”。

（二）儒家孝悌观对新加坡家庭教育的影响

许慎《说文解字·八上·老部》说：“孝，善事父母者。从老省，从子，子承老也”。“老”在上，“子”在下，会合其字，这意味着做子女的顺承父母就是孝。另一方面，当父母年老体衰、行动不便时，子背着老，体现了充满感恩的关怀之义。随着社会的发展，感恩之义延伸到回报父辈、氏族、社会，这时孝的意义就不再局限于狭隘的个体存在空间，变得富有社会历史意义了。孔孟儒学认为，“孝”是一切德行的根本，是教化的源泉。“夫孝，德之本也，教之所由生也。”（《孝经·开宗明义章第一》）“天地之性，惟人为贵。人之行，莫大于孝。”（《孝经·圣治章第九》）“夫孝，天之位也，地之义也，民之行也。”（《孝经·三才章第七》）可见，孝是一切德行的起点，是放之四海而皆准的根本法则。“悌”本作“弟”，《说文解字·五下·弟部》说：“弟，韦束之，次弟也，从古字之象。”意绳锁束戈之形，辗转围绕，势如螺旋，寓兄弟之密也。“悌”的本义就是兄弟之间紧密团结，互融共处的体现。

面对社会危机，孔子结合西周传统的道德观念与春秋时期新的道德观念，并赋予新的思考，建立了以“仁”为最高原则，以“孝悌”为其基本规范的伦理体系。孔子把孝悌的道德修养放在学业的首位，教育弟子的第一件事就是：“入则孝 ，出则弟。”孟子继承并发展了孔子的伦理思想，系统地提出了五伦说及解决互相间关系的准则，指出父子、兄弟关系是一切关系的基础，并把解决父子、兄弟关系的准则——孝悌，看得重于一切。“仁之实，事亲是也；义之实，从兄是也。”（《孟子·离娄上》）孟子认为孝悌是“仁义”的最根本体现。这就使得仁义礼智等儒家重要的道德规范统一在孝敬父母、尊敬兄长的家庭伦理之中。孝是敬事父母，悌是顺从兄长，因“四海之内皆有尊长和兄弟”，所以要将孝悌的观念推及他人。“孝悌是处理家庭亲缘关系的道德规范，要求家庭成员相亲相爱，要求遵循血缘关系的长幼尊卑、远近亲疏。如果家有家长，国有国君，家有家规，国有国法，条条款款一一对应，家庭就会安宁，国家才会秩序井然。”[①]就像《礼记·大学》中所述：“古之欲明明德于天下者，先治其国。欲治其国者，先齐其家。……家齐而后国治，国治而后天下平。”齐家、治国、平天下是孝的客观表现，这既体现了人性在个体本位家族中不可替代的地位，也体现了人的社会性所赋予的崇高使命。以孝悌之意作为君子利世之道，表明了儒家思想“始于事亲，中于事君，终于立身”的逻辑线索。一个人从孝敬父母、尊敬兄长开始，进而推己及人，最终才可以在事业与个人修养上有所成就。

孝悌观在新加坡家庭教育中体现得十分充分，其作为儒家思想的重要组成部分，深受新加坡家庭的重视。家长从培养孩子爱父母、爱兄弟姐妹的情感开始，使孩子具有善的道德基础，并让孩子学会如何表达自己，学会关照家人、爱护家人、理解家人。孝顺长辈、尊老敬贤，形成尊敬老人、关怀老人的社会风气。新加坡家长将“长幼有序”这样一种美好的伦常关系通过现实里大大小小的事情具体呈现，切切实实地渗入生活里的每一个细节。就吃饭这一简单的小事来看，在新加坡家庭中，老者永远排在第一位，最好的、最香的、最可口的永远先给他们；其次是大人；再次才是孩子。在此基础上，教育孩子将敬老思想推己及人。新加坡家长会积极通过社区活动的方式让孩子参加帮助孤寡老人做家务、与老人们交流谈心等社会生活实践，培养孩子关心他人的品质，锻炼孩子承担自己应尽义务的能力。在家庭教育中，家长

① 刘银花，孟祥胜. 中国传统伦理观的认识与反思[J]. 廊坊师范学院学报，2001(3)：86.

以身作则为孩子做表率。他们将赡养父母看作天经地义的事情，除非万不得已，不会把父母送进安老院。家长也很注重传统习俗对孩子的影响，他们会在新年除夕等节日带着孩子回家乡与其他家人团聚，拜年、祭拜祖先等等习俗可以维持家庭成员之间的联系，增强家庭的凝聚力。另外，家长在家庭中，会给孩子明确强调家庭成员之间的正确的称呼，因为每一个称呼背后都代表着一定的权利和义务，正确的称呼可以使家庭成员明白自己的责任和义务，使家庭关系更加和谐与融洽。这些教育对孩子有非常深刻且重要的作用。

同时，“孝”不是对父母的绝对服从，孔子认为绝对服从乃“小人哉”。儒家重视人伦，强调孝悌，但未否定个人的独立人格。儒家以“仁者 ，人也”为前提谈孝悌，重视个人的自我意识，所有的伦理道德规范都是围绕“人”而展开。因此，在新加坡家庭教育中，家长非常注重对孩子独立人格的培养。他们尊重孩子的隐私，给予孩子很大的自由空间，让孩子可以充分表达自己的意愿。“百善孝为先”，家庭作为国家的“子细胞”，良好的家庭孝悌教育影响着孩子的成长。“羊有跪乳之恩，鸟有反哺之义”，感恩之心会启发孩子在学习和生活中去尊重他人和爱戴老人。对于“悌”的观念，新加坡家庭教育在继承中有所发展。在处理兄弟关系、矛盾时，新加坡家长不会像传统观念那样，不论谁对谁错，一味偏心于小的。而会平等对待，秉公视之，以“三心”来加以处理：用心聆听、耐心调解、爱心包容，让孩子有诉说与分辨的机会。他们更多会放手，尊重孩子的世界，让孩子们自行解决纠纷，而不是以“包青天”的高姿态出现，强行干涉，弄巧成拙。向孩子灌输“长幼有序”的概念，大的应当爱护小的，小的应当尊敬大的。

新加坡政府及国家领导人也非常重视家庭教育，重视国民孝道教育。政府对孝道教育实行统一指导，全面干预。新加坡领导人认为家庭是孩子的第一课堂，父母是孩子的第一老师。李光耀指出，没有一个政府、教师和托儿所能代替孩子的父母亲或祖父母。教师或托儿所职员，只把照顾孩子看成职业，而作为父母或祖父母则是牵涉到如何把其骨肉培养成材。他们把家庭视为“社会的砖块”，认为提倡尊老爱幼、互敬互爱的精神有助于促进家庭的和谐与社会的稳定。李光耀曾指出：家庭的稳定团结，使华人经历了五千年而不衰，尽管经历过多少战乱和天灾人祸，但家庭始终支撑着文明的延续。如果失去维系“家庭凝聚在一起的传统价值观和传统观念，家庭成员不再互相尊重，不理长幼有序，也不注重礼节，这一切损失是难以弥补的。”[①]因此，新加坡政府对于家庭教育采取了积极的措施进行引导和干预。

① 中国加快经济发展时不应抛弃传统价值观[N]. 联合早报，1993-11-28.

（三）儒家忠恕观对新加坡家庭教育的影响

儒家的忠恕观不仅是个人修养之道，同时也是人与人之间的社会交往之道。“忠，敬也。从心，中声”，本意是发自内心的忠诚、真诚。忠是指对人的真诚态度、对事业尽职尽责的敬业精神，也指对国家忠诚、有归属感的爱国精神。即孔子所谓“居处恭，执事敬，与人忠”，孟子所谓“教人以善谓之忠”。与“忠”一样，“恕”也是儒家思想的重要范畴，两者都是协调人与人之间各种复杂关系的准则。“恕，仁也。从心，如声”，本意为恕道、体谅，强调要宽仁正直，有仁爱之心。“恕”与伦理道德直接相关。“恕”就是根据自己的内心来忖度他人的思想，达到推己及人的最终目的，实现一种道德境界。“忠恕”是实行“仁”的方法，是“仁”的内容，同时又是孔子思想的一贯之道。孔子在继承“仁”的基础上，认为人们在与他人的交往中必须一以贯之忠恕之道。忠恕之道是“仁之方”，是“絜矩之道”，是处理人与人之间关系和践行仁爱的基本原则和方法。忠和恕分别从积极和消极方面两个方面来对人们践行仁爱进行规定。忠是积极方面，主张“己欲立而立人，己欲达而达人”。也就是说忠主要是内于己，要求自己有所立，有所达，集中在对自己行为的积极主动方面，并尽自己所能去帮助别人。而恕是消极方面，主张“己所不欲，勿施于人”，强调人要学会推己及人，将心比心。《论语・里仁》中讲：“夫子之道，忠恕而已矣。”孔子十分重视忠恕之道，在他看来，与朋友相交既要心存仁爱，又要与人忠诚。曾子也以“为人谋而不忠乎”作为每日反省自己的准则。《中庸章句》中说：“尽己之心谓忠，推己及人恕。”

忠恕观在新加坡家庭教育中也有着十分明确的体现。家长常常教育孩子待人要真诚，要懂得站在别人的角度思考问题，怀有将心比心的宽容心态；做事情要有尽己之心、视人犹己的责任意识。在新加坡家训中常常包含着“不准欺骗”这一准则，教导孩子说话要老实，行为要诚实，只有能忠于自己而又忠于别人，守信诺而又重信用，才能在长长的一生里循规蹈矩地活得心安理得。新加坡家长还非常尊重孩子的兴趣，给予孩子充分的自由自己选择职业，因为他们相信：唯有乐业，才能敬业；唯有敬业，才能立业。孩子只有对所从事的工作有兴趣，才能忠于自己的职业。另外，家长会教育孩子去尊重、包容不同种族的文明与习俗，不因种族、宗教、语言和文化的不同而歧视任何人；要理解差异、团结友善，与不同种族的同学和谐共处。同时，家长很注重培养孩子的国民意识、集体意识，教育孩子要忠于国家、忠于人民，谨记“一个国家、一个民族、多元文化”的主张，从而增强孩子对于新加坡的认同与归属感。

（四）儒家礼义观对新加坡家庭教育的影响

儒家伦理的核心是“仁”，而其外在的具体表现则是“礼”。先秦儒家的“礼”有广义与狭义之分，广义地说，“礼”是指一切典章制度、社会规范和相应的节文仪式；狭义的“礼”则是指具体的道德规范与行为准则。二者最终目标都是指向维护等级制度的。“礼”的目的是为了培育仁心，实现仁政，通过对社会不同角色地位的确定，对于不同位置的社会角色行为进行规范，调和人与人之间物质利益的冲突，从而缓和社会矛盾，构建和谐的整体。孔子认为礼之功用在立人，即“不知礼，无以立也。”他主张“克己复礼”，即要求抑制自己的私欲，调节自己的行为以适应社会发展的需要。儒家礼制十分注重个人修养，克制私欲，将自己融入社会角色中，从而使自己的价值得以体现。在行为表现上，要求虚己让人，处处以别人为重。正如《礼记》中所言：“夫礼者，自卑以尊人。”“礼”作为行为的一般道德规范，其作用主要表现为“节”与“文”。“节”有约束、规范之意，《礼记·乐记》中所说“礼节民心”，意味着以普遍的规范来约束内在的情感、欲望。如果不能做到这一点，就会导致人的物化。而相对于“节”之约束于内，“文”的作用更多地呈现于外，有美化、修饰等意，作为外在规定，“文”表现在对行为方式文明化的要求。如果缺乏这种文饰，则行为往往会导向“野”。

“义”在古代意思是“宜”，即适宜的意思。在人的行为举止上规定了什么事情是应该做的，什么事情是不应该做的，其评判标准则是儒家所制定的“礼”。到后来“义”逐渐衍化为与功利相对而言的“道义”。选择符合“义”的行为，遵从儒家礼制，做符合自己身份、有益于社会国家的事情。孔子在《论语·述而》中表示：“富而可求，虽执鞭之士吾亦为之……不义而富且贵，于我如浮云。”所以孔子主张在追求利益、社会人事方面的选择，应该以道义为先。孟子继承这一思想，在道义与功利的相互关系中，他更注重弘扬道义，并强调其崇高性。指出仁人志士在关键时刻应当“舍生而取义”。在儒家伦理中，义的根本含义是合乎道德的标准，道义高于其他一切世俗的功名利禄。《礼记·礼运》篇讲：“治国不以礼，犹无耜而耕也；为礼不本于义，犹耕而弗种也。”因此，礼与义不可分而论之。对个人来说，“礼义观”有利于人们更好地调适自己的生命，对陶冶人的性情、提高人的思想道德境界、以及构建美好和谐的精神世界都有着非常积极的影响。对社会而言，“礼义观”有助于规范人与人之间的各种利益关系、提高国民的文明程度、建立良好的社会秩序、促进社会健康、和谐、有序地发展。

新加坡的家长十分重视“礼义观”在家庭教育中的重要作用。从身边的种种小事入手，教育孩子要讲究礼仪、礼节、礼貌，养成良好的道德修养：要爱护环境卫生、见到长辈要问好、礼让尊重他人、做事要耐心细致等等。让孩子懂得“长幼有序”的道理，在待人接物中才能够拿捏得准分寸。以礼待人，既是他重，又是自重，家长们将礼貌培养成孩子发自内心的一种修养，而不是表面的寒暄客套。父母通过带孩子到田间感受农民伯伯的辛苦，教育孩子一米一饭，得来不易，要珍惜粮食；且在准备餐食时，绝不会供过于求，总是够吃就好。在待人接物上，不仅要以礼相待，而且要坦诚守信，养成良好的社会公德心。例如，养宠物的家庭，父母会教育孩子随身带着方便袋以及时清理宠物的粪便，培养孩子保护环境、对宠物负责的品质。同时，要遵守法律，要追求社会正义，敢于与丑恶势力作斗争，不与之同流合污；在经济活动中，讲求以义取利，努力做到“义利合一”，而不能不择手段，见利忘义。在教育过程中，家长从自身做起，身教与言传并举，无论在工作中遇到多大的困难与挫折，始终对孩子的教育充满了耐心与热情，不会把自己的情绪传染给孩子，总是以和气、文雅、谦逊地口吻教育孩子，熏陶他们。如果孩子受到他人的帮助与恩惠，家长就会教育孩子以“涌泉相报”的感恩之心去回报他。这对于培养孩子文明懂礼的品质，营造良好的社会风气、和谐秩序、实现一种非法律维持的社会组织方式有着深刻的意义。

(五)儒家廉耻观对新加坡家庭教育的影响

“廉”作为一种完整的道德规范，最早见于《周礼》。《国礼·天官·小宰》：“以听官府之六计，弊群吏之治。一曰廉善，二曰廉能，三曰廉敬，四曰廉正，五曰廉法，六曰廉辨。”周公提出了“观其任廉”“廉洁而不戾”等思想。在儒家看来，所谓“廉”即是不苟取、有操守、不取不义之财。孔子认为：“古之矜也廉，今之矜也忿戾。”(《论语·阳货》)朱熹对廉的解释为“棱角陗厉”，即“方正威严”。孟子说：“可以取，可以无取，取伤廉。”朱熹的解释是：“廉，有分辨，不苟取也。”同样，“耻”也是儒家重要伦常规范之一，历代儒家要求人们要“有耻”“知耻”“贵有耻”。认为“知耻近乎勇”，耻是“立人之节”“治世之大端”。孟子曾指出：“羞恶之心，义之端也”，“羞恶之心”是人生而固有的善端，是孕育发展出义德的心理基础，强调人要有羞耻之心。正如朱熹所言：“人有耻，则能有所不为。”学习儒家“耻”的观念有助于为人们作出趋荣避耻的价值选择、确立明荣知耻的价值标准、树立正确的荣辱观、倡导社会主义核心价值观。同仁、义、礼、智、信五常相比，廉耻虽不是儒家伦理之核心，但它仍然是不可忽视的儒家主要伦理规范，同礼义一起成为儒家推崇的“四维”，并在清代纳入“古八德”而受到儒家和整个社会的遵奉。为政之道是儒学的核心之一，注重官德建设是历代儒家的共同特点，廉洁从政是儒家一贯的政治社会理想，反腐倡廉是儒家的重要治国方略。

在新加坡家庭教育中，廉耻观同样是十分重要的教育内容。家长常常给孩子讲廉洁公正的好人好事，教导孩子学习，从小培养儿童诚信、有操守、不苟取、不取不义之财的品行，为廉洁从政打下良好的基础。另外，也很注重孩子关于知耻价值观的教育，使孩子怀有羞耻之心，树立正确的荣辱观念；奉公守法，堂堂正正做人，不做不道德的事情，保持人格尊严。而当孩子触犯了道德底线，但尚处于懵懂无知的年龄里，讲述道理起不了大作用时，有些新加坡华人家庭，会采用体罚这种“立竿见影”的教育方式。而且不是体罚完事情就过去了，最重要的是，体罚之后，家长一定会耐心向孩子解释受罚的原因，借这种方式，将廉耻的观念深刻融入孩子内心。这里的体罚一定是责打有理的，通过这样的皮肉之痛来使孩子汲取终身受惠的价值观。廉耻观同样也是新加坡政府长期不懈的坚持倡导的准则，对廉耻观的重视使新加坡被公认为亚洲最廉洁的国家。

三、新加坡家庭教育对我国的借鉴意义

通过华人的文化传播与政府的长期倡导，儒家思想中的仁爱观、孝悌观、忠恕观、礼义观与廉耻观在新加坡家庭教育中体现出十分浓厚的色彩。新加坡积极地借鉴与吸收儒家文化思想，经过本土化过滤，建构成为独具本国特色的家庭教育模式，这为新加坡的崛起奠定了良好的基础。新加坡的成功之路为我国的家庭教育提供了借鉴的范本。家庭教育是社会和谐的保障，但随着社会的发展，我国家庭教育出现了许多棘手的问题，借鉴与吸收新加坡家庭教育的成功经验，对完善我国家庭教育有着重要的意义。

（一）家庭教育与学校教育、社会教育应有机结合

新加坡的家庭教育是与学校教育、社会教育有机结合起来的，形成了纵横交错、相互联系的立体教育网络。新加坡学校教育中开设了《好公民》课程，培养孩子的道德品质、个人能力及自我修养等，并注重培育孩子的家庭观念，以引导学生处理好家庭关系，积极构建和谐的家庭环境，促进社会的稳定与发展。而新加坡政府应用行政经济手段促进家庭和谐。在 1991 年颁布的《共同价值观白皮书》中，提出了五大价值观，即：“国家至上，社会为先；家庭

为根，社会为本；关怀扶持，尊重个人；求同存异，协商共识；种族和谐，宗教宽容。”将家庭放在了十分重要的位置。之后在 1993 年又针对家庭问题特别公布了“家庭价值观”，即“亲爱关怀，互敬互重，孝顺尊长，忠诚承诺，和谐沟通。”强调家庭成员之间的合作、忠诚与责任，呼吁人们重视家庭，回归家庭，大力宣传家庭的价值，强调家庭的意义，促进家庭的和谐，通过增强家庭的凝聚力不断增强社会的凝聚力，维护社会的稳定，也为家庭教育提供了良好的外部环境。新加坡政府将“忠、孝、仁、爱、礼、义、廉、耻”八德赋予新的内涵作为新加坡的社会道德标准，以培养公民良好的精神品质。新加坡共同价值观的核心精神是儒家伦理文化。儒家所倡导的以整体利益为重的集体主义精神，“修、齐、治、平”的个人修养模式，以及求同存异、“和而不同”的文化观，构成了共同价值观的核心精神。家庭教育、学校教育和社会教育有着各自的独特作用，三者应该相互配合、相互渗透。然而我国的家庭、学校和社会却缺乏合作意识，存在脱节的现象。学校与家庭的交流往往只靠几次家长会，并且通常只针对孩子的学习情况进行交流，合作的目的也仅仅围绕如何提高孩子的学习成绩，很少甚至几乎不涉及其他内容。我们要学习新加坡的经验，将家庭教育与学校教育、社会教育有机结合在一起，提高三者相结合的深度与广度，利用家庭、学校和社会强大的教育合力推进对孩子科学合理的教育。积极拓展教育内容，融合儒家文化优秀思想，将道德教育、心理教育等关乎人格健康成长的内容纳入教育体系。拓宽教育渠道，增强国家、学校与社会之间的协作，密切关注孩子的健康成长，增强教育的实效性。

（二）将儒家思想精华有效应用于实践

我国是儒家文化的发源地，我们也长期生活在儒家思想影响下的社会环境中，但从家庭教育来看，儒家文化对孩子的影响仅仅停留在一种机械的记忆中，而不是在实践中去应用。虽然孩子对儒家的一些经典思想可以做到脱口而出，但却没有深刻的理解与思考，更不用提在实践中去运用了。这是我国大多数家庭都面对的实际问题，对于儒家经典文化仅止步于传诵，但不会践行。因此，我们要学习新加坡的成功经验，赋予儒家经典新的时代意义，并将其融入进日常生活对孩子的教育之中，使孩子在实践中得以内化，从而塑造优秀的道德品质、个人修养。

（三）要重视家庭道德教育

我国自古以来就很重视家庭教育，并形成了许多优良的家庭教育观念和方式方法等，有很多诸如《颜氏家训》《朱子家训》的经典著作，为我们提供了丰富的家庭教育文化遗产。但随着时代的发展，功利主义盛行，我国的家庭教育中也出现了许多问题，例如重教轻育、重学习轻道德、重物质轻精神等等。这不利于孩子道德品质的培养、优秀人格的树立以及健康精神的发育。所以，学习新加坡家庭教育对于道德的重视以及关于道德培养的具体做法，是非常必要的。

下编　学位论文

《论语》中的孔门师生关系

王春雨

摘　要：春秋时代，文化教育不再是贵族阶级的专属，反而开始流向社会中下层阶级。而孔子开私家讲学之先，为文化的弘扬、传承和时代价值的重建做出了重要贡献，被誉为"至圣先师"，其丰富的教育思想和生动的教学场景被记录在《论语》一书中。本文试图基于《论语》文本的探讨，并通过孔门师生关系的建构基础、孔门师生关系的典型案例与总体特质以及孔子的个性特征及其对孔门师生关系的影响等几个主要研究视角来尽力展现孔门师生关系的原貌。

关键词：《论语》；孔门；师生关系

一、孔门师生关系的建构基础

(一)孔子的出身与儒者的身份

孔子的祖上相继经历了王室、诸侯、公卿、士的渐次转变。

孔子的先世是商代的王室。周灭商，周成王封微子启于宋，于是从王室转为诸侯。四传至宋湣公，长子弗父何。次子鲋祀。湣公传位于弟，为炀公。鲋祀杀炀公，欲其兄为君，弗父何不受，于是鲋祀立为厉公，弗父何仍为卿。孔子的先世从诸侯转为公卿之家。

弗父何曾孙正考父，辅佐宋戴公、武公、宣公，皆为上卿。正考父生孔父嘉，获赐族之典，其后代以其先人之字为氏，即孔氏。孔父嘉在政治斗争中被人所杀，于是孔父嘉的曾孙孔防叔逃到了鲁国。

孔防叔奔鲁之后，卿位始失，但仍不是受地而耕的平民，而是作为鲁国的大夫治理鲁国的东防，只受禄，没有世袭的封地，属于士阶层。自此，孔子的先世由贵族公卿转为士族之家。

孔防叔之孙曰叔梁纥，为鲁陬邑大夫。叔梁纥娶鲁国的施氏，生九女；有一妾，生男为跛足。乃求婚于姬姓颜氏，与孔氏家同在陬邑尼丘山麓。颜氏季女名征在，许配叔梁纥，生孔子。(以上参见钱穆《孔子传》)"鲁襄公二十

二年而孔子生。生而首上圩顶，故因名曰丘云。字仲尼，姓孔氏。”（《史记·孔子世家》）

孔子生于士族之家。士为当时的新兴阶层，“或是贵族后裔之疏远者，或是贵族之破落者，与夫平民中之俊秀子弟，因其学习当时贵族阶级礼乐射御书数诸艺，而得进身于贵族阶层中当差服务，受禄以为生。”①“士”最初在氏族社会为成年男子的称呼，其基本的义务为劳作与战斗。随着社会进化、社会内部发生分化，“士”逐渐专指贵族官员，进一步分化为贵族官员中的最低等级。② 在中国古代，贵族占有着财富、权力以及文化资源，这在“士”一词的含义中可以体现出来。《说文解字》称：“士，事也”；《白虎通义·爵》称：“士者，事也，任事之称也”，“士”是任事者之称，处理国家的礼、戎、农、讼等行政职事。“士”还指拥有知识技艺者，《谷梁传》称：“古者有四民，有士民、有商民、有农民、有工民”。范宁注“士民”曰：“学习道艺者。”杨士勋疏引何休曰：“德能居位曰士”。“德”能够居位就必须要学习道艺，“仕”与“学”二者是紧密联系的，《说文解字》中也将“仕”训为“学”。封建贵族子弟幼年皆入学学习，被称为“学士”。《礼记·内则》谓男童六岁受教，“二十而冠，始学礼，可以衣裘帛，舞大夏。……四十始仕”。当时士族子弟多学礼乐射御书数六艺，以求进身谋生，钱穆先生认为这就是所谓的“儒业”。

《说文解字》称：“儒，术士之称。”有学者认为“儒”作为术士应出于某种王官，这种观点最早见于刘歆《七略》，他提出王官之学失其守而降于民间，导致儒家与诸子之学的产生。不过对于“儒”具体来源于哪种王官学者则持不同的观点。③ 也有学者认为“儒”来源于一种职业，比如傅斯年在《战国子家叙论》中提到：“论战国诸子，除墨子外，皆出于职业”“儒家者流，出于教书匠”。还有学者从“儒”的字形演变上追溯“儒”的所指，“儒”与“需”有关，“‘需’字可能本由雨符与正面人形合之而成，当与祈雨相涉；其字最初可能指祈雨行为，或从事祈雨活动之人。”④还有学者认为“儒”与“濡”“胥”字有关，都与一些宗教性的仪式或文教活动有关。⑤ 不管“儒”的来源以及“儒”的具体指称变化如何，

① 钱穆. 孔子传[M]. 北京：九州出版社，2011：3.

② 参考阎步克《士大夫政治演生史稿》，此书对“士”的原初字形、字意等结合各家之言进行了梳理和总结，并且根据社会群体的等级分层和功能分化将“士”的含义归纳为：成年男子、氏族正式男性成员之称、统治部族成员之称、封建贵族阶级之称、受命贵族官员之称、贵族官员的最低等级之称。

③ 如刘忆江在《说儒》一文中论证“儒”的前身为“保”，章太炎也在《国故论衡·原儒》中提到“儒，诸侯保氏有六艺以教民者”；阎步克则在《乐师与“儒”之文化起源》一文中论证“儒”的前身为乐师。

④ 阎步克．乐师与“儒”之文化起源[J]. 北京大学学报(哲学社会科学版)，1995(5)：50.

⑤ 徐中舒在《甲骨文中所见的儒》一文中认为“儒”与“濡”有关，“濡”是“以水冲洗沐浴濡身之形”，有“斋戒沐浴”之意；何新则认为“儒”与“胥”有关，因为“胥”与“需”读音相同，“胥”是周代礼乐祭学。

“儒”大致与当时学习与掌握六艺者有关，且“儒”在孔子之前应早已出现，故孔子对子夏说：“女为君子儒，无为小人儒”。(《论语·雍也》)

不过儒家却实为孔子所创立。孔子生于士族家庭，其母亲也是士族家庭，因此孔子从小对礼乐诸艺等耳濡目染。《史记·孔子世家》载：“孔子为儿嬉戏，常陈俎豆，设礼容”。但是孔子“十有五志于学”，却不止于诸艺，“孔子之为学，乃从所习六艺中，探讨其意义所在，及其源流演变，与其是非得失之判，于是乃知所学中有道义。”[①]孔子早孤家贫，不得不谋仕，孔子自曰：“吾少也贱，故多能鄙事”。(《论语·子罕》)孔子做过委吏，主管仓库委积之事；做过乘田，主管牛羊放牧蕃息之事。不过孔子从他所谓的“鄙事”中不仅习得了当时贵族阶级种种礼文，更重要的是看到了礼乐制度蕴含的意义及其价值根据。对礼乐精神的理解，使孔子在面对时代中不合礼的行为时，能够保持一种批判的态度，[②] 不至于沦为贵族奢僭失礼的役使，这使得孔子区别于当时谋稻粱、谋身份的士，区别于当时的“小人儒”，为儒业开辟了一条不同的路径。

(二)孔子的收徒标准与学生来源

孔子在而立之年后，退出仕途，在家收徒设教。对于前来求教者，孔子几乎是来者不拒。有一名来自互乡的童子求见孔子，因为互乡人以难以言善为名，所以门人很诧异孔子为何接见，孔子说：“与其进也，不与其退也，唯何甚？人洁己以进，与其洁也，不保其往也。”(《论语·述而》)可见孔子的教育，“不追问其已往，不逆揣其将来，只就其当前求见之心而许之以教诲”，[③]就连脑袋里空空如也的鄙夫，孔子也要“叩其两端而竭焉”。

对于有意愿成为正式弟子接受教诲者，孔子说：“自行束脩以上，吾未尝无诲焉。”(《论语·述而》)束脩为一束干肉，为礼之薄者，从中可见孔子授业的经济门槛很低，这一点对丰富孔门弟子来源提供了一个必要的条件，其中有富如子贡、公西华者，也有贫如子思、颜回者。

孔门弟子前来求学有许多原因，不同的弟子前来求学的目的不同，同一名弟子也会由于各种考虑希望进入孔门。当时的时代，士多学习六艺以求仕，孔子的弟子也不例外，如子张“学干禄”，这说明子张怀有一般士大夫希望能

---

① 钱穆．孔子传[M]．北京：九州出版社，2011：11.

② 子入太庙，每事问。或曰：“孰谓鄹人之子知礼乎？入太庙，每事问。”子闻之，曰：“是礼也。”(《论语·八佾》)大概当时鲁太庙中多有种种不合礼之处，但是孔子当时年少位卑，不便明斥，因此以发问的方式，欲人因此反省。

③ 钱穆．论语新解[M]．北京：生活·读书·新知三联书店，2018：174.

够得到一份职业的念头，但是孔子并不鼓励这种追求。弟子进入孔门还有其他原因，比如《史记·仲尼弟子列传》中记载，“孔子设礼稍诱子路，子路后儒服委质，因门人请为弟子”，可见子路求学于孔子是想要学“礼”以修饰自己的“野”；再比如子贡在卫国开始追随孔子，大概是出于对孔子“温良恭俭让”的仰慕。孔门弟子前来求教的具体原因已没有明确证据可考证，即使有，隐藏在文字和考古资料背后的个人动机无论何时也无法得到证实。不过孔子对于弟子求教的原因、弟子的资质等并不格外在意，这种包容的态度使得孔门显得“杂乱无章”。《荀子·法行》中记载，南郭惠子问于子贡曰：“夫子之门，何其杂也?”子贡曰：“君子正身以俟，欲来者不拒，欲去者不止。且夫良医之门多病人，隐栝之侧多枉木，是以杂也。”

(三)孔子的为学路径与教学条目

子曰：“志于道，据于德，依于仁，游于艺。”(《论语·述而》)这既是孔子的为学路径，也是其教学条目。“孔子十五而志于学，即志于道。求道而有得，斯为德。仁者心德之大全，盖惟志道笃，故能德成于心。惟据德熟，始能仁显于性。故志道、据德、依仁三者，有先后无轻重。而三者之于游艺，则有轻重无先后。”[①]

1. 志于道

《中庸》云：“天命之谓性，率性之谓道，修道之谓教”。朱子注曰：“道，犹路也。人物各循其性之自然，则其日用事物之间，莫不各有当行之路，是则所谓道也。”[②]天有天道，人有人道，物有物道，为师有师道，礼乐射御书数各有其道，如果万事万物都能够循道行路，实现自己的内在本质，最终会实现“天地位焉，万物育焉”的和谐。

子贡说，“夫子之文章，可得而闻也；夫子之言性与天道，不可得而闻也。”(《论语·公冶长》)孔子在教育弟子时，很少说天道，而是专注于人道，孔子的“道”从根本上说是人道。孔子认为每个人都要由道而行，“谁能出不由户？何莫由斯道也?”(《论语·雍也》)每个人都具有人性，但是人性并不是指已经现实存有的，而是在行路中不断地实现人被赋予的根本可能性。出门一定要通过户，而人成为真正意义上的人也要通过道。但并不是每个人都能明白道的意义和价值，大多数人也许是遵守习惯、传统、制度盲目地行事。孔子说，“民可使由之，不可使知之”，(《论语·泰伯》)对于普通百姓，由道而行已经足够了。但是对于君子来说，要“闻道”“志于道”“守死善道“适道”“弘

① 钱穆．论语新解[M]．北京：生活·读书·新知三联书店，2018：155.

② 朱熹．四书章句集注[M]．北京：中华书局，2016：19.

道”“谋道”，也就是要经验、解释和影响这个世界，而这个世界不是空白的，文化先驱们建立的生活方式，已经成为这个世界的底色。因此君子要学习“文武之道”“先王之道”，使之不坠于地，同时又创造性地利用这些文化传统，守护和建构时代价值。

君子任重道远，但是方法并不复杂，孔子说“吾道一以贯之。”曾子解释道：“夫子之道，忠恕而已矣。”(《论语·里仁》)尽己之谓忠，推己及人之谓恕，“道”的实现最终要归结到个人在造就自己时所作的努力上。因此，不管邦有道还是无道，君子总能够通过高尚的品格成为道的具体化身，成为有道之人。

2. 据于德

行道有得于心谓之德，“德”是人不可剥夺的品质。“天生德于予，桓魋其如予何!”(《论语·述而》)孔子称己德由天生，纵使能杀己身，却无法夺己之德。“德”其实并非天生，孔子说：“德之不修，学之不讲，闻义不能徙，不善不能改，是吾忧也。”(《论语·述而》)这说明即使圣贤如孔子也需要“修德”，当“德”达到了一定的高度，个人的德行就像天生般自然，有一种随心所欲之感，此时“德”就如同被赋予的内在本性。

“德”体现在人与环境的相互作用中。对于外在物质环境，君子食无求饱、居无求安，面对财富的时候想到的是“义”而不是“利”。“义”是“宜”的意思，它指明处于某种环境中的人应该做什么以及怎样去做。孔子说：“君子之于天下也，无适也，无莫也，义之与比。”(《论语·里仁》)也就是对人对事无可无不可，以“义”为原则。甚至有些美好的品质也要以“义”为尺度，如“君子有勇而无义为乱；小人有勇而无义为盗”“信近于义，言可复也”。

君子“义以为上”就是要明白处于特定环境中应该做什么事、应该做到怎样的程度以及应该如何去做，即“物得其所”。而对这种“应该”的明晓则是“知”的表现。“知”是对现有条件即环境的评价，“表示对一系列相互关联的事态的结果作预言或者预测的能力，预测者本人也是这些事态之一。”[①]“知”不仅是一种有关“预测”的认识能力，而且还能够通过“预测”而具有“实现”能力。当樊迟问孔子“知”时，孔子回答“知人”，并进一步解释“知人”这种认识能力的实现效果：“举直错诸枉，能使枉者直。”有学者说，圣人是具有最高理解力的人，即是指孔子“知”的能力。孔子知人，这是孔子面对孔门弟子的一个重要前提，孔子对弟子的性情、才能有着深深的理解，因此才能够将“因材施

① 郝大维，安乐哲. 孔子哲学思微[M]. 蒋弋为，李志林，译. 南京：江苏人民出版社，1996：34.

教”这一教育原则施展得淋漓尽致；孔子也总是提到自己察人的方法，如“视其所以，观其所由，察其所安”“听其言而观其行”等。

“知”是对自身以及自身所处环境的综合理解，自我和他人都处于其中。“德”就是基于这种“知”平衡协调自我与环境。孔子说“知者不惑”，疑惑产生于“对思维的各种途径和行动的各种选择的游移不定”，[①] 但是知者面对复杂的表象却总能动静皆宜，找到自身与环境恰当的平衡点，如孔子“可以仕则仕，可以止则止，可以久则久，可以速则速”。人之所以游移不定，归根结底是“知”的广度与深度不够，就像走迷宫一样，处于迷宫中的人总是会迷路，而俯视迷宫的旁观者则对正确路线了然于心。在现实生活中，人的感情、欲望、好恶等等都会造成行为和认知的盲区，孔子说“爱之欲其生，恶之欲其死。既欲其生，又欲其死，是惑也”“一朝之忿，忘其身以及其亲，非惑与？”“小不忍则乱大谋”。孔子的修身功夫一直简洁明了，修德也无非是“克己复礼”，克制一己之私，才能扩展自己的“知”；克制一己之私，也才能感通他人，即“仁”。

3. 依于仁

孔子不轻易评价弟子“仁”或是“不仁”。比如当被问到几个弟子是不是“仁”时，孔子只是回答了这几位弟子各自的能力，对于他们是不是“仁”，则表示不知道，[②] 在弟子中只有颜回被老师赞赏“三月不违仁”。而且孔子还说自己并没有见过好仁者，可见“仁”是一个相当高的成德目标。但是孔子接下来说的话又表明每个人都有能力做到“仁”：“有能一日用其力于仁矣乎？我未见力不足者。”再有，孔子评价过管仲不知礼，[③] 但是又说管仲“如其仁。”[④]《论语》中论“仁”处总是出现这样的歧义。

在《论语》中，“仁”的含义甚多。程子说：“将圣贤言仁处，类聚观之，体认出来”，[⑤] 正是因为孔子论仁，含义难以把握。也许颜回也有类似的困惑，问仁于孔子，孔子回答：“克己复礼为仁。一日克己复礼，天下归仁焉。为仁由己，而由人乎哉？”（《论语·颜渊》）“克己复礼”，即克制自己遵循“礼”，而

---

① 郝大维，安乐哲．孔子哲学思微[M]．蒋弋为，李志林，译．南京：江苏人民出版社，1996：38．

② 孟武伯问子路仁乎？子曰：“不知也。”又问。子曰：“由也，千乘之国，可使治其赋也，不知其仁也。”“求也何如？”子曰：“求也，千室之邑，百乘之家，可使为之宰也，不知其仁也。”“赤也何如？”子曰：“赤也，束带立于朝，可使与宾客言也，不知其仁也。”（《论语·公冶长》）

③ 子曰：“管仲之器小哉！”或曰：“管仲俭乎？”曰：“管氏有三归，官事不摄，焉得俭？”“然则管仲知礼乎？”曰：“邦君树塞门，管氏亦树塞门。邦君为两君之好，有反坫，管氏亦有反坫。管氏而知礼，孰不知礼？”（《论语·八佾》）

④ 子路曰：“桓公杀公子纠，召忽死之，管仲不死。”曰：“未仁乎？”子曰：“桓公九合诸侯，不以兵车，管仲之力也。如其仁！如其仁！”（《论语·宪问》）

⑤ 程颐，程颢．二程集．北京：中华书局，2004：182．

"克己"之所以能够"由己"，是因为"礼"根源于内在的"仁"，"仁"与人是本一无二的，所以"吾欲仁，斯仁至"才成为可能。克己复礼，其实就是约己归仁。

"仁"为什么要求约己？就像亚里士多德所说，人是政治的动物，人生下来就处于一定的社会关系之中，通过与他者建立联系来建构其对世界、对自我的理解和实现。人与人相处不能不顾及他者，而"仁"正是对他者的感通。孔子在谈到自己的志向时说："老者安之，朋友信之，少者怀之"，这正是通过"己欲立而立人，己欲达而达人"的方式来实现自身价值。

仁者，人也。仁，也就是我们平日里经常说的，活出个"人"的样子。而这正是"仁"难以定义的原因，因为如何活得像个"人"并没有唯一的答案。《论语》中有很多关于仁者的段落：仁者质实无妄，如"刚毅木讷近仁"，而"巧言令色，鲜矣仁"；仁者自足圆满、不假外求，而不仁者"不可以久处约，不可以常处乐"；仁者率直无伪，因此"唯仁者能好人，能恶人"。"仁"丰富的内涵并不止于《论语》中关于"仁"的言谈，"当孔子的话和行为的意义随着时光的流逝而增加时，他的追求'仁'的理想就始终是留待人们去发展和补充的。"①

4. 游于艺

孔子时，礼、乐、射、御、书、数谓之六艺。邢昺在《论语注疏》中提到："六艺谓礼、乐、射、御、书、数也。《周礼·保氏》云：'掌养国子，教之以六艺，一曰五礼，二曰六乐，三曰五射，四曰五御，五曰六书，六曰九数。'注云：'五礼，吉、凶、宾、军、嘉也。六乐，《雲门》《大咸》《大韶》《大夏》《大濩》《大武》也。五射，白矢、参连、剡注、襄尺、井仪也。五御，鸣和鸾、逐水曲、过君表、舞交衢、逐禽左也。六书，象形、会意、转注、处事、假借、谐声也。九数，方田、粟米、差分、少广、商功、均输、方程、赢不足、旁要也。'"②

孔子自称"三十而立"，即是立于"礼"。"礼"最初与神圣、献祭的仪式联系在一起，后来这种人与超自然之间的联系扩展到人类社会成员之间的关系。人与人相处要遵循一定的社会礼仪规范和制度，但是孔子说"礼"并不止于此："礼云礼云，玉帛云乎哉？乐云乐云，钟鼓云乎哉？"(《论语·阳货》)礼乐不仅仅是"玉帛""钟鼓"这类外在器物，而且是"一种文化传统中的先驱们积累的意义，又是有待于人们在传统的发展中重新解释、增添新意的东西。"③这种意义源于人内在的"仁"，如果人的内心与这些礼乐、器物、制度等断了牵连，只

① 郝大维，安乐哲．孔子哲学思微[M]．蒋弋为，李志林，译．南京：江苏人民出版社，1996：87.

② 儒藏精华编·经部·四书类：104册[M]．北京：北京大学出版社，2007：672.

③ 郝大维，安乐哲．孔子哲学思微[M]．蒋弋为，李志林，译．南京：江苏人民出版社，1996：64.

剩下一副形式框架，则礼乐也就失去了色彩，孔子说“人而不仁，如礼何？人而不仁，如乐何？”(《论语·八佾》)正是谓此。所以孔子在礼崩乐坏的时代格外重视“礼乐”教育，他说“兴于诗，立于礼，成于乐”，(《论语·泰伯》)“礼”是德性的骨干，如果离开了礼，则美好的德性也会变得不合适：“恭而无礼则劳，慎而无礼则葸，勇而无礼则乱，直而无礼则绞”。(《论语·泰伯》)“乐”也在教化中有着重要的作用，古人之乐，声音所以养其耳，采色所以养其目，歌咏所以养其性情，舞蹈所以养其血脉。因此君子成德，必“文之以礼乐”。

孔子还十分强调谙熟历史和文化典籍，尤尚《诗经》，“小子何莫学夫诗？诗，可以兴，可以观，可以群，可以怨。迩之事父，远之事君。多识于鸟兽草木之名。”(《论语·阳货》)孔子认为不学《诗》无以言，即使是孔门的高等弟子，孔子也只是待他们切身体会《诗经》中的道理之后才许之“始可与言《诗》已矣”。但孔子并不把典籍作为学习的主要方面，“他把学习看作是人的头脑和身体、书本知识和实际体验两方面的活动。从孔子为他的门人设立的课程‘六艺’——礼乐射御书数看来，其所谓的学习，显然是为了培养具有完全人格的人，而文字典籍只可作为一个因素。”[①]

(四)孔子的教育目标——君子

在孔子的教育中，“道”“德”“仁”“艺”是围绕着成德为君子展开的，此四部分不仅是成为君子的路径，也是定位君子的基本条目。在《论语》中，此四者与“君子”是相互定义的，如“君子去仁，恶乎成名？”“君子怀德，小人怀土”“君子谋道不谋食”“君子博学于文，约之以礼”等。

“君”字从“尹”从“口”，“尹”是指治理，而“口”则是发布命令。萧公权在《中国政治思想》中说：“‘君子’这个词原来是指占据高位的人应该培养自己的德行，而孔子则强调培养德行以得到高位”。孔子培养德行并不是以得到高位为目的，因为处于高位并通过自己的社会政治责任发挥作用同样有助于培养德性，在这种意义上二者是相辅相成的。但并不是所有人都有机会得到高位，也不是有位就该得，孔子说“不仕无义”“天下有道则见，无道则隐”。当一个人没有得到或者不去选择在位的机会，这并不意味着他放弃或者不必承担政治责任，因为人人都处于广义的政治关系之中，最基本的政治关系即家庭关系，因此当孔子被问到为什么不从政的时候，孔子说：“《书》云：‘孝乎惟孝，友于兄弟，施于有政。’是亦为政，奚其为为政？”(《论语·为政》)

在《论语》中，与“君子”相关的概念有“圣人”“仁者”“善人”“贤人”“成人”

① 郝大维，安乐哲．孔子哲学思微[M]．蒋弋为，李志林，译．南京：江苏人民出版社，1996：29.

“大人”，除去“圣人”外，这些角色与“君子”“不仅是相互联系的，而且往往是共同扩充的，相互之间的区别并不分明。”[①]“圣人”是如同太阳一样高大光耀之人，孔子说，“圣人吾不得而见之矣；得见君子者，斯可矣。”(《论语·述而》)在《论语》中与“君子”泾渭分明的为“小人”，孔子常常将二者放在一起比较以凸显“君子”的具体人格，如“君子和而不同，小人同而不和”，(《论语·子路》)这类论说在《论语》中非常多。就像孔子思想中的其他概念一样，“君子”并不是一个先定的概念，如同一个特定样式的衣服等待着合适的人，而是有德之人去定义、体现和扩充“君子”。“道”“德”“仁”“艺”也是一样，每个人都能通过自己追求幸福生活的努力为阐释和增添这些概念的内涵而做出贡献，这正是孔子思想能够持续保持鲜活的可能性所在，也是孔门包容和发展各样人才的基础。

二、孔门师生关系的典型案例与基本特质

(一)孔门师生关系的典型案例

1. 孔子与颜回——志同道合

颜回代表了儒家自我修养的典范，位列四科十哲[②]中的德行科。颜回家贫，子曰：“回也其庶乎，屡空”，(《论语·先进》)但颜回对于富贵不爱不求，“一箪食，一瓢饮，在陋巷，人不堪其忧，回也不改其乐”。(《论语·雍也》)孔子也表达过自己怀有这样的“乐”：“饭疏食，饮水，曲肱而枕之，乐亦在其中矣”。(《论语·述而》)北宋哲学家程颢在回忆早年周敦颐对他的教诲时说：“昔受学于周茂叔，每令寻颜子仲尼乐处，所乐何事”，这就是所谓的“寻孔颜乐处”。儒家思想一向认为，在人生中有比个体生命更为重要的价值，要求人应当有一种为道德价值和理想信念而超越物质欲求的思想境界。颜回之所以能够达到接近孔子的精神高度，是因为他从没有停止过自我修养，因此孔子赞赏道：“惜乎！吾见其进也，未见其止也!”“语之而不惰者，其回也与”“回也，其心三月不违仁，其余则日月至焉而已矣”。

颜回好学，当孔子两次被问到弟子中孰为好学时，孔子的回答都是：“有颜回者好学，不幸短命死矣，今也则亡”。(《论语·雍也》)颜回不经常发问，《论语》中只记载过两次颜回发问，一次问仁，一次问为邦。他一般对于孔子

---

① 郝大维，安乐哲．孔子哲学思微[M]．蒋弋为，李志林，译．南京：江苏人民出版社，1996：143.

② 子曰：“从我于陈、蔡者，皆不及门也。”德行：颜渊、闵子骞、冉伯牛、仲弓。言语：宰我、子贡。政事：冉有、季路。文学：子游、子夏。(《先进》)此乃四科十哲。

的教诲是“默而识之”，以至于孔子怀疑他是否有些鲁钝，但是孔子观察他私下的言行举止，发现他能够发挥出孔子所讲的道理。① 于是孔子说：“回也，非助我者也，于吾言无所不说。”(《论语·先进》)表面上孔子说颜回“非助我也”，实则深喜之。

颜回作为孔子的前辈弟子，一直追随孔子学习，当孔子在匡被围困时，他和孔子走散了，后来相见，孔子说：“吾以女为死矣”，颜回回答：“子在，回何敢死。”钱穆先生分析颜回不敢轻易赴死有三个原因，一是孔子尚在，明道传道的责任重大；二是弟子事师如事父，父母在，子不敢轻死；三是颜回明知孔子不轻死。② 这体现了颜回与孔子之间深厚的感情，也体现了颜回对孔子之道的信心。

颜回命短，他去世的时候，门人想厚葬他，孔子不同意，可门人还是将之厚葬。孔子说：“回也，视予犹父也，予不得视犹子也。非我也，夫二三子也!”(《论语·先进》)孔子不同意厚葬之，是因为丧礼应称家之有无，家贫厚葬非礼，“礼，与其奢也宁俭；丧，与其易也宁戚”。(《论语·八佾》)可孔子并没有坚持一定不能厚葬颜回，一是因为孔子不为已甚；二是即使感情再深厚，自己也并不是颜回的父亲，而是他的老师。

颜回去世的时候，孔子哭得厉害。跟随孔子去颜回丧礼的人安慰孔子说：“子哭之恸”，孔子说：“有恸乎？非夫人之为恸而谁为?”颜回与孔子之间感情深厚，并且可谓志同道合，他一直将孔子视为高大的榜样，他说：“仰之弥高，钻之弥坚。瞻之在前，忽焉在后。”(《论语·子罕》)孔子也对颜回抱有传道的期望，但是颜回不幸早逝，孔子悲痛地说“天丧予！天丧予!”钱穆先生解道：“天丧予，悼道无传，若天丧己也。”

2. 孔子与子贡——口传心授

《论语》中与孔子对话次数最多者当属子贡。《史记·仲尼弟子列传》称子贡“利口巧辞，孔子常黜其辩”。子贡在言谈论辩方面的确有才能，当时田常想在齐国作乱，孔子说：“夫鲁，坟墓所处，父母之国，国危如此，二三子何为莫出?”于是“子路请出，孔子止之。子张、子石请行，孔子弗许。子贡请行，孔子许之”。“子贡一出，存鲁，乱齐，破吴，强晋而霸越。子贡一使，使势相破，十年之中，五国各有变。”这不仅反映出子贡的言谈辩论能力，也反映出孔子知人善用。子贡还是一个成功的商人，孔子说他“赐不受命，而货殖焉，亿则屡中”。(《论语·先进》)

① 子曰：“吾与回言终日，不违，如愚。退而省其私，亦足以发，回也不愚。”(《论语·为政》)

② 参见钱穆《论语新解》。

子贡善问，问的内容十分广泛，因此孔子问他："赐也，女以予为多学而识之者与?"子贡对曰："然，非与?"孔子说："非也，予一以贯之。"(《论语·卫灵公》)子贡发问的方式十分灵活，有时直接发问，有时引经据典，有时运用比喻，比如当冉有想知道夫子对出任卫君的态度时，子贡主动去问孔子："伯夷、叔齐何人也?"孔子说："古之贤人也。"子贡继续问："怨乎?"夫子回答："求仁而得仁，又何怨?"于是子贡回复冉有说："夫子不为也。"(《论语·述而》)通过孔子对伯夷叔齐的态度推知孔子对出仕的态度，不仅体现出子贡善问，而且体现了子贡对老师的了解。子贡还通过比喻间接探寻过孔子对出仕为政的态度："有美玉于斯，韫椟而藏诸? 求善贾而沽诸?"孔子曰："沽之哉！沽之哉！我待贾者也。"(《论语·子罕》)而且子贡有持续追问的能力，比如子贡问政。子曰："足食，足兵，民信之矣。"子贡曰："必不得已而去，于斯三者何先?"曰："去兵。"子贡曰："必不得已而去，于斯二者何先?"曰："去食。自古皆有死，民无信不立。"(《论语·颜渊》)从中可见子贡发问，条理清晰、层次分明。

子贡喜欢方人，就是把两个人放在一起作比较。子贡问："师与商也孰贤?"子曰："师也过，商也不及。"曰："然则师愈与?"子曰："过犹不及。"(《论语·先进》)孔子不喜欢子贡方人的习惯，因此子贡方人时，孔子半开玩笑地说："赐也，贤乎哉? 夫我则不暇。"(《论语·宪问》)而且孔子还利用子贡喜欢方人这一点，问他："女与回也孰愈?"子贡曰："赐也何敢望回? 回也闻一以知十，赐也闻一以知二。"子曰："弗如也。吾与女弗如也。"(《论语·公冶长》)子贡认识到自己与颜回的差距，同时也不过分贬低自己也有"闻一知二"的能力。于是孔子说自己和子贡都不如颜回，这是对颜回的直接表扬，也是对子贡的间接激励。

子贡是一个很有自信的人，属于着眼于进取的狂者，因此孔子不经常夸奖子贡，以期能"近取譬"。可子贡有自信和胆量直接问老师："赐也何如?"孔子说："女，器也。"子贡继续问："何器也?"孔子说："瑚琏也。"(《论语·公冶长》)孔子也说过"君子不器"，一方面，器的功能一般是单一的，如乐器、军器等，而君子则应该是全德之才。另一方面，器物的使用与意义是人赋予的，是处于被动性的存在，而人尤其是成德之人，则应该是主动性的存在。孔子的回答一方面点明，子贡之德仍流于一偏，另一方面也点明，子贡的才华是器中的佼佼者。孔子对子贡的这类回答，总是存在一定的张力，一方面提醒子贡不要过于好高骛远和自满，另一方面承认他的自信与善言，这样的张力为子贡形成一个进步的空间。

孔子五十五岁去鲁适卫，子贡开始从游。孔子去世之后，子贡为孔子守丧六年。有人说子贡贤于孔子，子贡反驳道："君子一言以为知，一言以为不知，言不可不慎也！夫子之不可及也，犹天之不可阶而升也。夫子之得邦家者，所谓立之斯立，道之斯行，绥之斯来，动之斯和。其生也荣，其死也哀，如之何其可及也？"（《论语·子张》）

3. 孔子与子路——亦师亦友

《史记·仲尼弟子列传》记载："子路性鄙，好勇力，志伉直，冠雄鸡，佩豭豚，陵暴孔子。孔子设礼稍诱子路，子路后儒服委质，因门人请为弟子。"《论语》中关于子路的言行也可以证明《史记》中对子路的描述并非言过其实。

子路好勇，于是问孔子："君子尚勇乎？"子曰："君子义以为上。君子有勇而无义为乱；小人有勇而无义为盗。"（《论语·阳货》）孔子是在告诉子路，勇敢这样美好的品行，如果没有一个尺度也会产生一个不好的结果。而这种尺度的把握是需要学的，而子路恰恰不爱学习，因此孔子劝导他学习："好仁不好学，其蔽也愚；好知不好学，其蔽也荡；好信不好学，其蔽也贼；好直不好学，其蔽也绞；好勇不好学，其蔽也乱；好刚不好学，其蔽也狂。"（《论语·阳货》）

孔子很赞赏子路的勇，正是因为子路勇，所以行为果敢，"子路有闻，未之能行，唯恐有闻"；正是因为子路勇，所以衣敝缊袍，与衣狐貉者立，而不觉耻；愿车马衣轻裘，与朋友共，敝之，而无憾。

子路的品质是好的，孔子也经常夸赞他，不过子路不善于找到恰当的表达方式，属于"质胜文则野"的类型。孔子说"质胜文则野，文胜质则史。文质彬彬，然后君子。"（《论语·雍也》）人类文明的特点，是通过"文"这种间接性来表达"质"，人类的言语、动作、制度、礼仪、服饰、表情等等都可以成为表现内在品质的媒介。如果不借助某种媒介而是直接呈现"质"，就会接近于野人或是野兽。但是过度地专注于"文"，则会掩盖过甚，失去活泼泼的生命力。对于子路来说，更需要"文"的装点。因为他直言快语，即使是对孔子也敢顶撞，且从不掩饰自己的喜怒哀乐。比如有一次子路问孔子如果为政的话先行何事，孔子说要先正名，子路听到后说孔子过于迂腐。① 正是由于子路的这种性格，才使孔子担心他"不得其死然""片言可以折狱"。后来子路果然死于卫乱。

---

① 子路曰："卫君待子而为政，子将奚先？"子曰："必也正名乎！"子路曰："有是哉，子之迂也！奚其正？"子曰："野哉，由也！君子于其所不知，盖阙如也。名不正，则言不顺；言不顺，则事不成；事不成，则礼乐不兴；礼乐不兴，则刑罚不中；刑罚不中，则民无所错手足。故君子名之必可言也，言之必可行也。君子于其言，无所苟而已矣。"（《论语·颜渊》）

子路与孔子更像是朋友，这可能或多或少出于子路仅仅小孔子九岁、为孔门弟子中的年长者之故；而且子路经常口无遮拦地说出自己对孔子的质疑，比如孔子在陈绝粮时，子路面带愠色说："君子亦有穷乎?"孔子对子路也是直言不讳的，比如说子路野，或者直接对子路讲道理，这一点使得子路在孔门弟子中非常独特。子路跟随孔子很多年，与之经历过许多风雨和困难，在陈绝粮也许是孔子最为困窘的时候，《论语》中还有其他子路陪伴孔子在鲁之外周游的场景，比如子路遇见长沮、桀溺等隐者。孔子甚至说如果"道不行，乘桴浮于海"的话，子路也会义无反顾地追随。因此孔子之于子路，不仅是指点迷津的老师；子路之于孔子，更像是坦诚忠实的朋友。

4. 孔子与宰我——辞严义正

《论语》中宰我的出现往往伴随着孔子对他的批评。他白天睡觉，孔子说："朽木不可雕也，粪土之墙，不可杇也；于予与何诛?"(《论语·公冶长》)昼寝在古代不被看作佳事，孔子深责之，是因为昼寝会影响人的积极主动性，使人懈怠。钱穆先生说："或因宰我负大志，居常好大言，而志大行疏，孔子故作严辞以戒"。孔子自身也在这件事上学到了一个察人的教训："始吾于人也，听其言而信其行；今吾于人也，听其言而观其行。于予与改是。"(《论语·公冶长》)

宰我位列四科十哲中的言语科，与子贡齐称，也是孔门高等弟子。孔子不常称赞"言"，因为语言与行为、内在的道德品质可以出现偏离而成为达到个人目的的工具，因此孔子深恶巧言令色，认为君子应当"敏于事而慎于言"。宰我以言语见长，他得之于此也失之于此。当哀公问宰我有关"社"的问题时，宰我对哀公说周朝用栗树作社树是为了使百姓战栗，即畏惧政府。孔子知道后说："成事不说，遂事不谏，既往不咎。"(《论语·八佾》)看似宽容的话语实际上隐含着孔子的责备。宰我甚至被孔子说过"不仁"，因为他认为为父母守丧不必三年之久，理由是君子三年不为礼乐，礼乐将废。孔子问他，如果不为父母守丧三年，是否心安？宰我说"安"。

孔子针对宰我的严辞是因为宰我的表现违背了作为人所应当具有的品格：积极向上、感通他人；也不合于孔子基本的政治思想。宰我作为孔门早期弟子，对孔子思想应当大体了解，但是从《论语》中有关宰我的记载来看，他的所言所行都违背孔子的基本原则，如"仁""为政以德"等，甚至有人怀疑宰我属于墨家；而且宰我对孔子基本原则的违背在《论语》中表现得过于明显直白，这是否与《论语》的编订者有关?《论语》中的宰我多大程度上符合历史中的宰我？这些问题需要另作讨论，本文只针对《论语》中的弟子形象及其与孔子之间的交往进行探讨。

5. 孔子与冉有——严宽有度

冉有之艺尝为孔子称赞，但是冉有却没有子路那样的刚毅果敢，没有子贡那般自信，因此孔子说“求也退，故进之”。换句话说，冉有较为软弱。所以冉有有时觉得力不从心：“非不说子之道，力不足也。”孔子说，力量不足可以半路休息些时，但冉有却给自己画一条界限不再前进。①

软弱的人容易失去原则。比如公西华出使齐国时，冉有为公西华的母亲请粟，孔子说给她一釜，冉有觉得不够，于是孔子增加到一庾，冉有还是觉得不够，最后冉子与之粟五秉。孔子并不是吝啬这些粮食，而是认为“君子周急不继富。”原思作孔子家宰的时候，孔子给他九百斛，原思不接受，孔子说，如果嫌多就去接济身边人。冉有和原思都做得不当，一个是不该与而与，一个是该受不欲受，因此孔子不欲多给冉有、坚持原思接受九百斛俸禄，这是孔子的威严重义处。但是对于二者的不当之处，孔子都没有明说，这是孔子的宏裕宽大之处。

冉有也是四科十哲之一，位列政事科，孔子说：“求也，千室之邑，百乘之家，可使为之宰也。”(《论语·公冶长》)不过冉有为政时也容易失去原则，比如季氏将伐颛臾。孔子认为一则颛臾作为社稷之臣不该伐；二则冉有作为季氏宰有责任阻止这件事。但是冉有却认为，一这不是自己的责任，是季氏自己想要这样做；二是应该伐颛臾，因为“故而近于费，今不取，后世必为子孙忧”。孔子则继续指出冉有的过错和责任：“相夫子，远人不服，而不能来也；邦分崩离析，而不能守也；而谋动干戈于邦内。吾恐季孙之忧，不在颛臾，而在萧墙之内也。”(《论语·季氏》)孔子一直教导学生按照道义来行事，坚守道义需要坚强的力量和勇气，这正是冉有需要提高的品质。

上文列举了五位弟子作为典型来分析，颜回是孔子的得意弟子，他通过自己的努力得到了孔子的认可，与夫子之间可谓志同道合；子贡自信机智，总是和孔子进行巧妙的对话，对夫子充满敬意但又不因此疏离，反觉亲切温暖；子路敢作敢为，直言快语，他与孔子之间虽然有时会有分歧，但他却是孔子忠诚的弟子和朋友。孔门中还有很多优秀的人才，比如知礼的公西华、看似鲁钝但是用功的曾子、孝顺的闵子骞等，他们与孔子之间的互动在《论语》中并不多，因此在此不一一列举。

前文提到孔门弟子前来求教有许多原因，也许是出于当时一般士大夫的理想；也许是想要亲近“温良恭俭让”的孔子；也许真正渴望进德为君子。对

---

① 冉求曰：“非不说子之道，力不足也。”子曰：“力不足者，中道而废，今女画。”(《论语·雍也》)

于每位弟子求学的动机，并没有必要过分揣测，孔子对此也并不格外在意，只要有心求学，孔子便用心教育，因此孔子说“有教无类”。但是在孔子具体的教育过程中，孔子却非常重视“类”，他将自己的学生分为德行、言语、政事、文学四科也正是出于这样的考虑。因此在分析孔门弟子时，要格外注意弟子们之间的差异以及孔子对待这些差异的方式，由于这些差异，孔子针对不同类型的弟子采取不同的教育策略，与其弟子之间形成各异的相处模式和关系结构。就孔门整体而言，孔子与其弟子之间的关系呈现出“众星拱月”“和而不同”“张弛有度”的格局和特征。

（二）孔门师生关系的总体特质

1. 众星拱月

孔子三十而立之后，在家设教授徒，弟子们闻名而来，正是“有朋自远方来”，“德不孤必有邻”的现实写照。孔门弟子以孔子为中心，形成“居其所而众星共之”的师生关系格局。《史记·孔子世家》：“昭王将以书社地七百里封孔子。楚令尹子西曰：‘王之使使诸侯有如子贡者乎?’曰：‘无有。’‘王之辅相有如颜回者乎?’曰：‘无有。’‘王之将率有如子路者乎?’曰：‘无有。’‘王之官尹有如宰予者乎?’曰：‘无有。’‘且楚之祖封于周，号为子男五十里。今孔丘述三五之法，明周召之业，王若用之，则楚安得世世堂堂方数千里乎？夫文王在丰，武王在镐，百里之君卒王天下。今孔丘得据土壤，贤弟子为佐，非楚之福也。”可见孔门人才济济，围绕在孔子身边谈志论道，正如星群簇拥着月亮。而孔子也的确像是发光的日月，子贡说：“仲尼，日月也，无得而逾焉。”(《论语·子张》)时隔数千年，日月星辰犹在，而孔门师生的精神光芒也仍在岁月流变中恒久不息地散发着。

2. 和而不同

孔门人才济济，各有专长、性情不一的弟子与老师之间形成了“和而不同”的孔门师生关系格局。人与人之间的差异是和谐的前提，“如五味调和成食，五声调和成乐，声味不同，而能相调和”。孔门的差异主要体现在孔子与其弟子之间、弟子与弟子之间。孔子与其弟子之间的差异主要表现在孔子的道行之高，就连最接近孔子的颜回也不得不感叹：“仰之弥高，钻之弥坚”，表示自己虽然想要达到孔子的高度却没有办法。弟子与弟子之间的差异主要表现在才能、性情、气质等方面。

差异与矛盾、分歧等不可避免地联系在一起。孔子罕言利，而弟子会问“干禄”的问题；孔子敬鬼神而远之，可弟子会问“事鬼神”；孔子重视礼乐，可弟子还是会质疑三年之丧是否必要。孔门弟子之间也会出现矛盾，如子游和曾子评价子张“未仁”“难以并为仁”。

孔门即使存在着差异、分歧、紧张，但仍不妨碍其为一个和谐、融洽、温暖的师门。这是因为孔门师生之间的差异和矛盾，其出现和存在是合乎情理的，因为人与人之间的性格、能力、气质、志向和品质等等本就不同，这些差异是认识自身、他人以及世界的基础和前提。君子和而不同，不会为了亲近他人而阿比附会，而是在坚守道义的基础上以包容的心态接受自己、他人的独特之处。《论语》展现的孔门师生交往，其交谈、夸赞、批评与反驳皆实事求是，并无强迫、造作之感，因此孔门师生关系才能呈现出一片和谐。这也就是《中庸》所谓：“喜怒哀乐之未发，谓之中；发而皆中节，谓之和。”孔门师生关系和而不同，自然而然、从容不迫，这是因为孔门的分歧与深厚的感情皆出于自然之理，无所乖戾。

3. 张弛有度

虽然孔门和谐融洽，师生之间感情深厚，但孔门弟子并不会因此与孔子过分亲昵，他们发自内心对孔子的“敬”以及孔子自身的庄重使得师生之间保持着恰当的距离。当人们看到高贵威严的君王，自然内心会产生敬畏；当弟子看到孔子“温而厉，威而不猛”的形象，自然也会肃然起敬。孔子之所以能够受到弟子们真诚的尊敬，是因为孔子自身居敬不离，即使是日常闲居，孔子也是“申申如也，夭夭如也”。孔子所说的“敬”有两层含义，一是指一种稳定的内心状态，礼在外，敬其内心，如孔子所说的“修己以敬”。当存有这种内心状态做事时，即表现为对事的谨慎专一；当存有这种内心状态待人时，即表现为对人的尊敬。因此“敬”并不是外在的姿态和礼节，而是在待人接物时自然流露出的态度和气场。

孔子并非迂腐之人，认为自己身为老师应当“不言、不笑、不取”，摆出一副端庄的架子。孔子爱音乐、会射御、对文学有着独到的见解，并且开创了第一家私立学校，即使处于丰富多彩的二十一世纪，孔子也算得上一位兴趣广泛、博学多才、富于创新之人。这样的孔夫子，有时虽然严格到不准弟子白天睡觉，其实也会和弟子适当开个玩笑。比如子游做武城宰的时候，孔子去看他治理如何，到达武城时夫子听到弦歌之声，说明子游以礼乐教化百姓。孔子莞尔一笑，说：“割鸡焉用牛刀?”虽然孔子这样说，实际上深喜之，不过子游显然没有明白孔子的戏言，因为他接着用孔子讲过的道理来辩驳，孔子见子游如此认真，只好向大家承认：“二三子！偃之言是也。前言戏之耳。”(《论语·阳货》)孔门师生关系不会因为彼此之间的“敬”而疏离，也不会过分亲密，而是严肃活泼、张弛有度的。

三、孔子的个体特征及其对孔门师生关系的影响

(一)作为学者的孔子及其对孔门师生关系的影响

孔子虽然谦虚，但却对自己好学的品质不加掩饰，他说："十室之邑，必有忠信如丘者焉，不如丘之好学也""默而识之，学而不厌，诲人不倦，何有于我哉"。孔子十五岁即志于学，精通文章典籍六艺等。对于《诗经》，孔子信手拈来，且有着独到精准的见解："乐而不淫，哀而不伤""思无邪"；对于音乐，孔子爱之懂之，听到自己偏爱的《韶》甚至"三月不知肉味"；对于礼，孔子更不消说为行家，常常指责在位者不合乎礼的行为；对于射，孔子说："射不主皮""揖让而升，下而饮""弋不射宿"，充满着人文情怀……孔子不仅是好学，更是学有所成。

孔子这样描述好学的品质："君子食无求饱，居无求安，敏于事而慎于言，就有道而正焉，可谓好学也已。"(《论语·学而》)"食无求饱，居无求安"是志之笃；"敏于事而慎于言"是行之敬；"就有道而正"是主忠信。"志者，心之所往，一心常在此目标上而向上趋附之谓。故有志必有学，志学相因而起。"[①]"学"是面对未知寻找一个安身立命之所，因此当"学"的念头萌生时，即是对有所立有所安的渴望浮现时；反之亦然，当渴望在纷繁复杂中确立一个安身立命之所时，通过"学"来寻找这个处所的必要性即显现出来，"志于学"即是通过对人文典籍、礼仪规范、音乐艺术等的习得去获取其意义与价值，并通过自身的践行赋予这些意义与价值鲜活的生命。孔子之"学"，重在德行修养，因此孔子说："古之学者为己，今之学者为人"，(《论语·宪问》)为己之学履道而行，乃为学之本，故孔子将四科中"德行"科置于首位。另外，"学"乃"后觉者习效先觉之所为"，因此为学离不开交友从师。孔子说交友从师要有善于发掘他人长处的能力，乃至"三人行，必有我师焉"；而学问修养达到一定境界之后，自然会吸引"有朋自远方来"；不过即使同为好学之人，志向、修养仍不免有所别异，"可与共学，未可与适道；可与适道，未可与立；可与立，未可与权"，(《论语·子罕》)既学以为己为道，人不知，亦无可愠。

孔子不仅好学，也善学，讲究勤奋与方法。孔子说："学如不及，犹恐失之"，汲汲终日，犹恐不逮，甚至有时"终日不食，终夜不寝"。勤奋好学的孔子不是死读书之人，他说"学而不思则罔，思而不学则殆"，只有通过"思"才

---

① 钱穆. 论语新解[M]. 北京：生活·读书·新知三联书店，2018：24.

能将自身处境与道理联系起来，“一以贯之”“下学而上达”，不至陷入空道理的窠臼。孔子还提到不少为学之方，如“温故而知新”“学而时习”等，不过《论语》中论“为学”的段落一般既指目标又指方法，读者需将“学”“思”“行”结合在一起方能理解孔子之学的奥妙。

重视“学”的孔子自然很重视学生在学与思上的主动性，他说“说而不绎，从而不改，吾末如之何也已矣。”(《论语·子罕》)教在人，学在己，人纵善教，己不善学，则教者亦无如之何，俗语“师傅领进门，修行在个人”大致谓此。孔门中只有颜回一人被老师夸赞好学，“不迁怒，不贰过”，能够坚持不懈地学以修心为人；孔门中也有不好学之人，如子路说“有民人焉，有社稷焉，何必读书，然后为学。”[①]因此孔子才教导他不学则蔽；而对于学不为己、求效在外的弟子，孔子则引导他求诸己，如“子张学干禄”。

师生关系是通过一教一学建立起来的，只有真正好学善学、对学有所见解的老师，才能洞察和理解学生在“学”的道途上出现的歧路，引导学生向善乐道。

(二)作为知者的孔子及其对孔门师生关系的影响

“知”简单来说，意为明白、懂得，“知者”就是活得明白、明道达义之人，对于处于特定环境中应该做什么事、应该做到怎样的程度以及应该如何去做不会感到困惑。在《论语》中，“知”的对象有“命”“礼”“人”“言”等。孔子说：“不知命，无以为君子也。不知礼，无以立也。不知言，无以知人也。”(《论语·尧曰》)对天命这种力量的“知”就是认识到并非所有的事情都能够为人所支配、控制，比如富贵生死、有道无道等，即认识到个体力量的边界。但认识到自身力量的边界并不是一种消极无为的态度，一是每个人的道德品质是能够求诸己，在有所为中明明德、止于至善；二是“天”本身就是生生不息的积极能动性的化身，“四时行焉，百物生焉”，而这种生生不息的天道是人发挥积极主动性去追求个人幸福的根据，在这种意义上，个人能够通过“知”“仁”“勇”等德性来演绎“天道”。在荒漠般的道之不行的年代，这些通过个人努力展现了“道”的人，如同星星点点的绿洲保存和传递着润泽的“文武之道”。孔子“知其不可为而为之”就是绿洲般的坚守；那些“有道则见，无道则隐”的君子亦是如此。

孔子知礼，三十即立于礼。“人不知礼，则耳目无所加，手足无所措……

① 此章见于《先进》篇，子路并非主张不学，而是认为不必从书籍文字中学；另外在此章中，孔子回答子路曰：“是故恶夫佞者。”可见子路也许是图逞口舌之快，不是真心非学。不过子路的确不好学文章典籍，因此孔子才屡次劝他学习。

更何以自立为人？”[①]“知礼”不仅是对礼乐典章制度的精通，更是对礼乐意义的理解、对礼乐精神的践行。因此“知礼”蕴含着“知”的实现能力，《论语》中也有“知德者鲜矣”，这说明真正的“知”不仅是认识论上的明达，也是一种认识能力的实现效果，当“礼”“德”的践行没有达到一定程度就不能称之为“知礼”“知德”。

“知人”也蕴含着“知”作为一种认识能力的实现效果，因为“知人”与“善用”联系在一起，或者说“知人”已经包含有“善用”的意思，因此孔子在回答樊迟问知时说：“举直错诸枉，能使枉者直”。孔子对弟子的“知”表现在对弟子们的才能、性情有着细致精微的理解，他说“由也，千乘之国，可使治其赋也……求也，千室之邑，百乘之家，可使为之宰也……赤也，束带立于朝，可使与宾客言也”“柴也愚，参也鲁，师也辟，由也喭”“由也果……赐也达……求也艺”。正是基于对弟子全面深刻的了解，孔子才得以因材施教、使弟子各成其材。

语言是人与人之间相互了解的媒介，“论辨思议之是非得失，生于心而发于言。”[②]因此“不知言，无以知人”。孔子与弟子交谈时，能够洞察弟子言谈背后的意图，并且能够通过弟子的言语对其倾向进行预测和判断，因此孔子能够根据弟子们的这些倾向进行适当的引导。另外，孔子在批评宰予昼寝时也说过“听其言而观其行”，因为存在“巧言”和“佞者”，存在“言过其实”“名不副实”和“表里不一”，因此孔子教导弟子不仅要“言忠信”“非礼勿言”“慎于言”，也要“先行其言而后从之”“言之必可行也”。另外，慎言的孔子在对弟子言说时也保持着“辞达而已”的态度，《论语》中可见孔子语言凝练简短、实事求是、平实却富于深意，为弟子的思考和发挥留下足够的空间。

（三）作为仁者的孔子及其对孔门师生关系的影响

“仁”的含义在本文的第二部分已略有涉及，在这里仅就“仁者”具有的品质进行描述，并探讨孔子作为“仁者”对孔门师生关系所产生的影响。

仁者能够克己复礼。《论语·乡党》篇中记载了孔子的日常行事风范，即使是日常闲居也是“申申如也，夭夭如也”，乃“非礼勿视，非礼勿听，非礼勿言，非礼勿动”的现实榜样。面对居敬自持、谨言慎行、“温而厉，威而不猛”的孔子，弟子们自然会肃然起敬、谦恭问学。

仁者，己欲立而立人，己欲达而达人，即通过成全他人来成全自己，通过实现他人来实现自己。而教育事业则正是“己欲立而立人，己欲达而达人”

① 钱穆．论语新解[M]．北京：生活·读书·新知三联书店，2018：464.

② 钱穆．论语新解[M]．北京：生活·读书·新知三联书店，2018：464.

的集中展现，教师的品德体现在学生的学问德行之精进中。孔子三十岁即设教，并最终将自己的一腔热情投身于文化教育事业，这是因为教育、政治以及日常生活，都离不开"仁"这一人与人相处之大道。

仁者，能久处约，长处乐；而不仁者，"久约则为非，长乐必骄溢矣"。[①]孔子安贫固穷，"饭疏食，饮水，曲肱而枕之，乐亦在其中矣"，而这种快乐属于内心之悦，与外境之乐有所不同，乃是精神自足带来的快乐。因此孔子在与人相处时，求诸己且不尤人，其"温良恭俭让"，令人自然安适。另外，孔子淡泊名利，不汲汲于富贵，因此并不像古希腊智者一样收取高额学费，使得孔门师生关系更有"君子之交淡如水"之感。

仁者正直无私，所以孔子说只有仁者"能好人，能恶人"，而不仁者为私欲所蒙蔽，于是好恶失其正。孔子对待弟子以不同的态度和教育方法、言说深浅不一的道理，但是孔子并没有出于个人喜好、倾向去刻意亲近和冷落某位弟子，即使《论语》中多见宰我被孔子严辞指正，其并非由于孔子对宰我有偏见，而是出于宰我的确存在孔子所指出的问题。即使是对自己的儿子，孔子也是教诲之学《诗》闻《礼》，并无异闻以告。孔门师生关系能够呈现出和谐的氛围，正在于孔子教育弟子时公正无私、就事论事。

仁者乐山，"就一个有成就的人而言，他是价值和意义的持有者，就像高山一样巍然耸立、天长地久。'仁者'达到的优越性是一种规范，以此影响着世界，成为一种持久的标准和仿效的楷模"。[②] 面对学养德行"仰之弥高"的夫子，孔门弟子于尊敬之中又多了一份崇拜之情，将之奉为道理的楷模和理想的目标，子贡面对他人对老师的诋毁说："他人之贤者，丘陵也，犹可逾也；仲尼，日月也，无得而逾焉。人虽欲自绝，其何伤于日月乎？多见其不知量也！"（《论语·子张》）诋毁孔子的人大概从没有朝着孔子的方向努力过，因为只有当一个人真正努力为仁时，才能体会到颜回"三月不违仁"不易，更能体会到孔子即凡而圣的伟大。孔子的确如同山一般，安固厚重，而孔门弟子如同山上的万物，在孔子的包容和滋养下成长。

（四）作为师者的孔子及其对孔门师生关系的影响

因材施教就是根据弟子的实际情况对症下药。朱子说，圣人教人，何不都教他做颜曾底事业？而子贡子路之徒所以正于子贡子路者，是其才止于此。不同的弟子就像是不同的材料，其成才的可能性是建立在原料基础上的，一棵橡树不能成长为玫瑰，玫瑰也无法成为橡树。孔子知人，即能够看到弟子

① 钱穆. 论语新解[M]. 北京：生活·读书·新知三联书店，2018：77.

② 郝大维，安乐哲. 孔子哲学思微[M]. 蒋弋为，李志林，译. 南京：江苏人民出版社，1996：36.

身上蕴藏的可能性，从而对其未来成长进德的路径有所预测，他对所授以四科——德行、言语、政事、文学——进行区分，使弟子各就才性所近，各务专长。人之气质不齐，有长处也有短处，弟子们不足之处也是孔子考虑的因素。比如子路问："闻斯行诸?"子曰："有父兄在，如之何其闻斯行之?"冉有问："闻斯行诸?"子曰："闻斯行之。"事后公西华问孔子为何答案不一，孔子说："求也退，故进之；由也兼人，故退之。"(《论语·先进》)子路性格刚勇，所以孔子退之；冉有性格软弱，所以孔子鼓励他。

孔子因材施教还表现为教不躐等，说："中人以上，可以语上也；中人以下，不可以语上也"。(《论语·雍也》)这是因为，"道有高下，人之智慧学养有深浅。善导人者，必因才而笃之。中人以下，骤语以高深之道，不惟无益，反将有害。惟循序渐进，庶可日达高明。"[①]孔子不轻言"性与天道"，也正是因为教不能躐等，弟子听到对于自身而言过于高深的道理，一是对道理本身容易产生曲解；二是容易追求超出自身实际范围外的目标，这样的道理对于他们来说是空洞甚至有害的。不过道理有深有浅，实则一以贯之，如"克己复礼"，虽只是对颜回这样说，然所以教他人，亦未尝不是"克己复礼"的道理。

孔子教学不仅立足于弟子各异的气质禀赋，也立足于具体的事件。《论语》中很多章节都能够追溯其历史背景，比如孔子在陈绝粮、某位弟子在某处任职等。朱子说，《论语》不说心，只说实事。孔子就是在具体的事件中教诲弟子以求学、做人与做事的道理。孔子就事论事不止于自身、弟子的生活经历，也会引用尧、舜、伯夷、叔齐等历史人物的事件，或者是同时代某些典型人物如管仲的事件来说明道理。

事件不是真实生活的抽离，而是个人生活的重叠与聚焦，因此具体的事件能够构建起道理的维度，使之不会沦为没有实际指导意义的空壳。弟子受到与个人生活密切相关的教诲，就能够知道如何从生活近处和自身上做工夫，日久自能达于更上之境。这也是为何孔子的道理平易朴实，以至于弟子认为孔子有所隐瞒。比如司马牛问仁，孔子只简单地回答"仁者，其言也讱"，但是司马牛不相信"仁"这一夫子不轻易许人的品德竟然这样简单。而子贡也面对过同样的疑惑，他认为"仁"的达成需要"博施于民而能济众"，但是孔子告诉他："能近取譬，可谓仁之方也已。"因此学者需从生活近处入手，就所能为而勉为之。

孔子教学重视启发学生，这种启发式教学不仅需要老师的教育智慧，也需要学生的积极理解，能够使老师和学生都积极地参与到教育过程中。孔子

① 钱穆. 论语新解[M]. 北京：生活·读书·新知三联书店，2018：142.

的启发教学主要是通过他简短凝练又极富深意的语言实现的。朱子说："圣人说话，磨棱合缝，盛水不漏。如云'一言丧邦'，'以直报怨'，自是细密。"比如孟懿子问孝一章，孔子的回答只有两个字："无违。"樊迟为孔子驾车的时候，孔子对他说："孟孙问孝于我，我对曰，无违。"樊迟不明白，于是孔子解释道："生，事之以礼；死，葬之以礼，祭之以礼。"(《论语・为政》)"无违"二字，是无违乎礼，而不是简单的无违乎父母，可惜孟懿子并没有继续追问。有时孔子在回答弟子问题时，只需巧用几个字，就能提升一个境界，大有"四两拨千斤"之感，如子贡曰："贫而无谄，富而无骄，何如?"子曰："可也。未若贫而乐，富而好礼者也。"(《论语・学而》)前后之高下深浅显而易见。孔子讲道理并不像有些哲学家一样把道理尽可能说透，孔子希望弟子能够主动进行思考，所以他说"说而不绎，从而不改，吾末如之何也已矣""不愤不启，不悱不发，举一隅不以三隅反，则不复也"。孔子这种"引而不发"的教育方法需要弟子们付出极大的主动性，去用心体会、身体力行夫子话语之中既悠远又平实的含义。

《礼记・学记》有言："学然后知不足，教然后知困。知不足然后能自反也，知困然后能自强也。故曰：教学相长也。"孔子三十岁设教授徒，而其三十岁之后，仍有"四十而不惑，五十而知天命，六十而耳顺，七十而从心所欲不逾矩"，这些境界的达成离不开孔子学而不厌的品质。孔子好学，总是善于发现他者的贤处，当然也能从人才济济的弟子中找到可学之人与可学之处。如子夏问孔子《诗经》中的一句"巧笑倩兮，美目盼兮，素以为绚兮"是何意，孔子回答："绘事后素。"子夏于是联想到了礼在仁之后，孔子赞赏道："起予者商也，始可与言《诗》已矣。"孔子也在弟子中学到了察人的智慧："始吾于人也，听其言而信其行；今吾于人也，听其言而观其行。"孔子曾说过颜回，"非助我者也，于吾言无所不说"，可以推测孔子虽然深喜颜回"举一以知十"，但也希望有像子贡、子路那样踊跃的弟子，提出自己的想法和质疑，促使自己进行反思。

《中庸》云："修道之谓教"，朱子注曰："修，品节之也。性道虽同，而气禀或异，故不能无过不及之差，圣人因人物之所当行者而品节之，以为法于天下，则谓之教，若礼、乐、刑、政之属是也。""人物之所当行者"即每个人都应该努力去实现的独特可能性，而圣人之教即是对这种可能性的揭示。从以上孔子的教育方式可以看出，孔子的教育并非是要强行改变弟子成为某一种人，而是在弟子本来材质的基础上，因势利导，使之"更上一层楼"；孔子的教育也并不是在某种教育理论的指导下进行，因为任何教育理论在变化丰富的具体教育情境中都显得苍白无力。孔子之教，乃"以其昭昭，使人昭昭"，有一种“润物细无声”之感。

结语

孔子出身于士族之家，是拥有文化知识但不拥有爵位的阶级。一般的士阶层希望掌握六艺以获取一份谷禄，但孔子却通过自身学习进德的努力转变了“学”的角度、开辟了“学”的深度，使“儒”的含义有了“君子儒”和“小人儒”的分野，中国知识分子阶层的精神境界在此基础上得以开展。孔子本着“有教无类”的原则，对前来求学的弟子几乎是“来者不拒”，孔门弟子由于各种原因前来求学，形成了孔门之杂，但在孔子的教诲和影响下，参差不齐的弟子们也怀有一份求道、明道、弘道的理想，而不只是为稻粱谋。因此孔门在孔子的带领下，不仅学习六艺，而且探讨“道”“德”“仁”等内涵与实践，以进德为君子。

孔门人才济济，有贫穷但修养极高的颜回、有富贵且善于言谈的子贡、有鲁莽粗野的子路……弟子之间的气质禀赋各不相同，孔子与其自然形成不同的交往模式，如孔子与颜回志同道合、与子路亦师亦友等。而就孔门整体格局来看，本文认为其具有“众星拱月”“和而不同”“张弛有度”的特点。

人与人之间的关系是双方共同构建的，但是就孔门而言，本文认为孔子乃其师生关系的核心，孔子作为学者、知者、仁者以及至圣先师，其人格特征以及思想对孔门师生关系具有关键性的影响。作为学者，孔子持之以恒的好学精神、学之为己的为学目标以及学思结合等进学方法为孔门弟子的学习树立了榜样；作为知者，孔子对礼、言、天命洞若观火，能够辨识并成就孔门弟子各异之才；作为仁者，孔子如同山一样受到弟子的仰视，如同海一样包容其弟子；作为至圣先师，孔子因材施教、就事论事、引而不发、教学相长，使孔门弟子得以各尽其才。

本文立足于《论语》，追踪孔门师生关系的建构，描画孔门师生关系的开展，思考孔门师生关系的建构基础，尽力展现一幅真实鲜活的孔门师生关系图景，为了解孔子思想、孔子人格以及孔门弟子提供些许思考。

参考文献：

一、史籍类

[1]顾炎武．日知录[M]．上海：中华书局，1936.

[2]崔述．洙泗考信录[M]．上海：商务印书馆，1937.

[3]班固．汉书[M]．颜师古，注．北京：中华书局，1962.

[4]孙希旦．礼记集解[M]．北京：中华书局，1989.

[5]刘宝楠. 论语正义[M]. 北京：中华书局，1990.

[6]程颐，程颢. 二程集[M]. 北京：中华书局，2004.

[7]司马迁. 史记[M]. 上海：汉语大辞典出版社，2004.

[8]朱熹. 四书章句集注[M]. 北京：中华书局，2011.

二、著作类

[1]钱穆. 论语要略[M]. 上海：商务印书馆，1934.

[2]范文澜. 中国通史[M]. 北京：人民出版社，1978.

[3]安乐哲，郝大维. 孔子哲学思微[M]. 蒋弋为，李志林，译. 南京：江苏人民出版社，1996.

[4]杨朝明，修建军. 孔子与孔门弟子研究[M]. 济南：齐鲁书社，2004.

[5]陈来. 宋明理学[M]. 上海：华东师范大学出版社，2004.

[6]戴维. 论语研究史[M]. 长沙：岳麓书社，2011.

[7]钱穆. 孔子传[M]. 北京：九州出版社，2016.

[8]冯友兰. 中国哲学简史[M]. 北京：北京大学出版社，2016.

[9]钱穆. 论语新解[M]. 北京：生活·读书·新知北京三联书店，2018.

[10]杨立华. 中国哲学十五讲[M]. 北京：北京大学出版社，2019.

三、论文类

[1]宗拾. 先秦史籍简介：上[J]. 史学集刊，1982(4).

[2]金生鈜. 超越主客体：对师生关系的阐释[J]. 西南师范大学学报(哲学社会科学版)，1995(1).

[3]李瑾瑜. 关于师生关系本质的认识[J]. 教育评论，1998(4).

[4]冯建军. 论交往的教育过程观[J]. 教育研究，2000(2).

[5]傅定涛. 试论孔门师生关系[J]. 湘潭师范学院学报(社会科学版)，2005(4).

[6]唐明贵. 清代《论语》学的特点及成因[J]. 山东社会科学，2007(11).

[7]邵晓枫，廖其发. 论和谐师生关系的内涵[J]. 西南大学学报(社会科学版)，2008(3).

[8]唐明贵. 试论隋唐时期《论语》学衰落的原因[J]. 学术探究，2009(1).

[9]胡兆胜.《论语》的师生关系及其现代价值[J]. 滁州职业技术学院学报，2011(1).

[10]马秋丽. 孔门师生关系研究[C]. 2015：5th International Conference on Applied Social Science，2015.

汉魏六朝颍川荀氏家学研究

贺虞瑶

摘　要：汉魏六朝时期，伴随着政治的动乱，学术传承由学校转向家族，家学承担了这一时期教育讲习、文化传承的任务，成为这一阶段教育活动的主要载体，而颍川荀氏作为这一时期最为著名的望族之一，其家学表现了这一时期教育活动的特质，并体现出家庭教育及文化资本对于个体成长的显著影响。本文主要从颍川郡教育传统及学术风貌、荀氏家学的道德教育、荀氏家学的经史礼法教育等研究角度切入，对汉魏六朝颍川荀氏家学的内容、特点及其影响等进行探究。

关键词：汉魏六朝；士族；家学；颍川荀氏

一、颍川郡的地域文化、教育传统和学术风貌

(一)"高仕宦，好文法"——历史源流与地域民风

据《史记》记载，颍川郡于秦王政十七年(前230年)秦灭韩后初设于韩国故地，① 成为秦王朝治下废分封后所设的郡县之一。而尽管秦扫六合最终实现了政治区域上的一统，却并没有完成文化认同上的弥合，这种差异在随后建立的汉王朝内部继续存在，并影响到来自不同地域的学者和政客对于学术观念的纷争。胡宝国先生在研究《史记》《汉书》中籍贯书法差异的过程中，注意到以郡为籍贯成为西汉中期以后人们的普遍观念，② 郡不仅在集权国家的管理中发挥了"吏民之本"的行政区划功能，而且通过对于"郡国之书"的"撰作风俗"构成了某种文化分区的意义。就本文所研究的颍川荀氏而言，这种对于以郡为单位的乡里意识的认同，不仅成就了颍川郡作为东汉的学术重镇，其教育和学术上的兴盛，而且在汉晋之间的政治变局中，以荀彧为代表的汝颍集团通过乡里之谊、门吏之义彼此提携，其士族势力的影响范围最终超越了州

① "十七年，内史腾攻韩，得韩王安，尽纳其地，以其地为郡，命曰颍川"，《史记·秦始皇本纪》。

② 胡宝国. 汉唐间史学的发展[M]. 修订本. 北京：北京大学出版社，2014：1－28.

郡并扩充至天下。

战国文化在西汉的绵延，使得地处“申韩故地”的颍川郡延续了三晋旧有的法家思想传统，据《汉书·地理志》载，“颍川，韩都。士有申子、韩非，刻害余烈，高仕宦，好文法，民以贪遴争讼生分为失”。这首先表现在对于文法、刑律的传习。据《后汉书》王霸、钟皓、郭躬等人之传载，王霸“世好文法”，钟皓“为郡著姓，世善刑律”，郭躬“家世衣冠。父弘，习小杜《律》……郭氏自弘后，数世皆传法律”，终两汉之世，颍川郡内的颍阳王氏、阳翟郭氏、长社钟氏等家族均以世习刑律而闻名，其子弟生徒代代继承了“好文法”的学术传统，并多出仕于廷尉等“辩理刑狱”“决狱断刑”之职，积极参与入汉晋之际的政治角逐之中，以抗节忧时、疾恶忠谠闻名于世。

此外，颍川郡的另一地域文化特点是家族、士人之间“相与为婚姻，吏俗朋党”(《汉书·赵广汉传》)的交结以及在此过程中对于“齐名”和“辈目”的重视。据刘静夫统计，颍川郡的世家显宦构成了一个极为密集婚姻网络，[①] 其覆盖范围伴随由汉入魏的进程逐渐由郡内的联姻扩展至同州乃至天下望族之间的姻盟，外亲与宗亲并重的宗族观念使得甥舅之间关系密切，这客观上促进了家学文化的交流和家族地位的支持和巩固。除了婚姻关系之外，交结师友与朋党亦是颍川郡士人的特点。据《后汉书·荀淑》载，荀淑“职还乡里。当世名贤李固、李膺等皆师宗之”，陈寔“年不及皓，皓引以为友”，(《后汉书·钟皓传》)并为“海内所师”，有“荀君清识难尚，陈钟至德可师”之名，[②] 且伴随游学范围的扩大，颍川士人积极与诸郡生徒交结，构成了东汉党锢运动中党人“三君”“八俊”的中坚力量。[③] 这种婚宦门吏间的交结使得家族、士人之间“州里故旧，过从实有”，[④] 郡内“人士比论，以五荀方五陈”的风气绵延后世，[⑤] 及至南北朝时期，依然可见“钟荀之戏”“荀陈弈叶”的记载。[⑥]

(二)“修乡校，教生徒”——官学及私学的发展状况

西汉自立国之初已意识到战国的文化格局非朝夕之间所能更改，故为缓

---

① 刘静夫．颍川荀氏研究：魏晋南北朝士族门阀个案研究之一[J]．南充师院学报(哲学社会科学版)，1987(3)．

② 余嘉锡：《世说新语笺疏》，卷上之上《德行第一》孝标注引《海内先贤传》，北京：中华书局，1983：7．

③ 陈雁．东汉魏晋时期颍汝、南阳地区的私学与游学[J]．文史哲，2000(1)．

④ 余嘉锡：《世说新语笺疏》，卷上之上《德行第一》笺疏引程炎震《世说新语笺证》，北京：中华书局，1983：11．

⑤ 余嘉锡：《世说新语笺疏》，卷中之下《品藻第九》．599－600．

⑥ 齐故刁主簿墓志铭[M]//赵超．汉魏晋南北朝墓志汇编．428－429；封延之妻崔长辉墓志[M]//罗新，叶炜．新出魏晋南北朝墓志疏证．396－398．

解地域性的文化冲突，避免重蹈秦“孤立之败”的覆辙，汉初的统治者极为重视对于七国故地的从俗教化，[①]《周礼》中所构建的“乡饮酒礼”作为中央政权控制基层的有效手段通过地方官学被加以推行，以使“长幼有序”“吏民相亲”，[②]从而达到“六合之内和亲，庶几乎无忧”的目的。(《汉书·元帝纪》)

据《汉书》赵广汉等人之传记载，西汉之世，赵广汉、韩延寿、黄霸、毋将隆、何并等官员先后历任颍川太守之职，毋将隆在颍川的事迹今已不可考，而其余四人在任期间所直面的最严重的问题均为如何能够对颍川郡内的豪强与宗族势力进行有效的管理，尽管赵广汉曾尝试通过“构会吏民，令相告讦”的方式达到分化制衡的目的，(《汉书·赵广汉传》)，然而这种诛罚之治难以改变“颍川好争讼分异”的传统并进一步加剧了“民多怨雠”(《汉书·地理志下》)(《汉书·韩延寿传》)的现状，故以韩延寿为肇始，此后的颍川太守将治理的主要方式转向教化的推行，通过地方官学的建立和乡里秩序的经营，“力行教化而后诛罚”，(《汉书·循吏传》)，以化民成俗，使汉廷所希冀的四海承平的局面通过纲常的约束和政治的控制得以实现。具体而言，颍川的地方官学以“为善防奸”(《汉书·循吏传》)为目的，即劝导孝悌和打击豪强，故其学官的选择主要为两类，即深谙礼仪制度的“贤士”和具有广泛乡里影响的“长老”。在教育的内容上，主要为礼乐制度、伦理道德、中央诏令三项，地方官学定期举行乡射和礼乐活动，令“文学校官诸生皮弁执俎豆，为吏民行丧嫁娶礼”，(《汉书·韩延寿传》)并选择良吏向生徒和百姓讲授诏令。(《汉书·循吏传》)在教育的方式上，学官和生徒在郡内进行文化的教习和实践，并通过长老和伍长的亲身影响“相率以孝弟”，(《汉书·韩延寿传》)(《汉书·循吏传》)以学校为中心进一步向民间推行。这种学校教化崇尚辅之以吏制法律的执行，无疑对颍川的文化氛围和社会秩序产生了深远的影响，郡内“孝子弟贞妇顺孙日以众多”(《汉书·循吏传》)并表现出对于经史文法的浓厚兴趣，这促进了西汉时期基层社会的相对稳定并为东汉时期颍川郡私学的繁荣奠定了基础。

通过《汉书》和《后汉书》的记载，我们可以发现从新莽时期起，颍川士人大多已以学术上的造诣名世，这伴随进入东汉后社会秩序的重新稳定而具有了聚徒传授的可能。《后汉书·儒林传》载，“自光武中年以后，干戈稍戢，专事经学，自是其风世笃焉。其服儒衣，称先王，游庠序，聚横塾者，盖布之

① 田余庆．说张楚：关于亡秦必楚问题的讨论[J]．历史研究，1989(2)，收入《秦汉魏晋史探微(修订本)》，北京：中华书局，2011：1－29；陈苏镇．郡国并行及其意义[M]//陈苏镇．《春秋》与“汉道”：两汉政治与政治文化研究，北京：中华书局，2011.66－107.

② “酒礼之会，上下通焉，吏民相亲。是以其俗风雨时节，谷籴常贱，少盗贼，有和气之应，贤于内郡”，《汉书·地理志下》；“乡饮之礼废，则长幼之序乱，而争斗之狱蕃”，《汉书·礼乐志》。

于邦域矣……其耆名高义开门受徒者，编牒不下万人”，社会的稳定、仕宦的需求以及文化上今古文的争鸣，共同促进了东汉时期中原地区私学的发展和兴盛，在此背景之下，颍川郡内硕儒名士多潜心于学术的研究和讲习，并在经史文法等众多领域为学子所拥戴。《诗》学领域，满昌授《齐诗》，[①] 钟皓“以《诗》《律》教授门徒千余人”；（《后汉书·钟皓传》）《尚书》学领域，沛郡桓氏世传欧阳《尚书》，桓典“以《尚书》教授颍川，门徒数百人”；（《后汉书·桓荣传附桓典传》）《礼》学领域，宋均“通《诗》《礼》，善论难……客授颍川”；（《后汉书·宋均传》）《易》学领域，张兴“习梁丘《易》以教授……弟子自远至者，著录且万人，为梁丘家宗”；（《后汉书·儒林传》）《春秋》学领域，董昆“师事颍川荀季卿，授《春秋》”，[②] 延笃“少从颍川唐溪典（堂谿典）受左氏传”，（《后汉书·延笃传》）士燮“事颍川刘子奇，治左氏《春秋》”，（《三国志·士燮传》）尹默“从司马德操、宋仲子等受古学，皆通诸经史，又专精于左氏《春秋》”；（《三国志·尹默传》）《律》学领域，郭躬“少传父业，讲授（小杜《律》）徒众常数百人”，（《后汉书·郭躬传》）荀季卿“治律令”，[③] 钟皓授《律》“教授门徒千余人”。（《后汉书·钟皓传》）此外，丁鸿、陈寔、荀淑、李膺等名士学者亦有开办私学、广收门徒的记载。[④] 这种崇学尚博、教学相长的学术风气最终造就了颍川郡成为汉末首屈一指的学术重镇，与相邻的汝南郡并有“汝颍固多奇士”[⑤]的声誉，促使其郡内的世家大族代代对于学术重视、传承和发扬，并深刻影响到此后魏晋南北朝之世的政治和文化的格局。

二、荀氏家学的道德教育

（一）“共相勉励，笃睦为先”的宗族道德教育

对于孝义和德政的追求素来为传统的儒家义礼所推崇，孔子即主张“孝乎惟孝，友于兄弟，施于有政”。这种忠孝一体的思想伴随汉儒的入仕和统治者的需求而进一步拥有了政治上的意义，“事亲孝故忠可移于君，是以求忠臣必于孝子之门”（《后汉书·韦彪传附韦义传》）的主张一度影响了两汉的人才选举

---

① 《后汉书·马融传》章怀太子注引《东观汉记》。

② 《太平御览》卷六百三十八《刑法部四》引《会稽典录》，汤逑：《九家旧晋书辑本》辑何法盛《晋中兴书》。

③ 《太平御览》卷六百三十八《刑法部四》引《会稽典录》，汤逑：《九家旧晋书辑本》辑何法盛《晋中兴书》。

④ 《后汉书·丁鸿传》，《后汉书·荀淑传》，《后汉书·党锢传》；《三国志·魏志·王烈传》裴注引《先贤行状》。

⑤ 《三国志·魏志·郭嘉传》；《晋书·秦秀传》，《晋书·周顗传附周闵传》。

和乡里清议，并伴随西晋的禅代和门阀社会的成型而成为判定士人品性的首要标准。[①] 另一方面，以血缘关系为纽带的宗族组织依然是基层社会的基本单位，而颍川郡“相与为婚姻，吏俗朋党”地域文化特点又进一步加强了这种宗族内部的联结，以维护下属的各个家庭在承平时代的经济生产以及在动乱时代的安全。这种文化、政治、社会因素彼此的关联和影响，共同构成了荀氏以孝义为核心、以培养宗族凝聚力为目的的宗族教育施行的前提。

从教育内容上讲，荀氏的宗族道德教育主要分为尊奉双亲、宗族互助、宗族认同、维持族望四个方面。

首先，对于尊奉双亲的强调。荀氏的家学在道德教育方面深受汉代孝务为本思想影响，故对于其子弟孝道的教育主张“存尽其和，事尽其敬，亡尽其哀”，[②] 强调对于父母的孝敬应贯穿子孙的一生，并在父母的故去之后亦应保持一致。在此教育之下，自汉迄晋，荀氏子弟大多以“内尽其心以事其亲，外崇礼让以接天下”[③]而为人所称道，东汉相对安宁之时荀靖荀爽“有俊才，以孝闻名”，[④] 而三国两晋兵燹连年之世荀顗荀崧亦“年逾耳顺，孝养蒸蒸”“孝义和爱，在朝恪勤”，[⑤] 并将这种对于双亲孝敬贯穿其生前身后，荀顗“以母忧去职，毁几灭性，海内称之”(《晋书·荀顗传》)与以仁孝闻名的何曾、司马骏声名相匹，(《晋书·何曾传》)(《晋书·扶风王骏传》)而面对永嘉之乱洛阳陷落后外有前赵“城府荡尽”的杀掠，内有晋人“大饥人相食”的争夺，(《晋书·王弥传》)荀崧“身被四创”，以命捍卫其母尸体入土为安。(《晋书·荀崧传》)

其次，对于宗族互助的施行。《白虎通》认为，“族者，何也？族者，凑也，聚也，谓恩爱相流凑也。生相亲爱，死相哀痛，有会聚之道，故谓之族也。”[⑥]尽管宗族之间名分上的关系以血缘为纽带，但一个具有较强的凝聚力的宗族往往更需要以情感为联结，故在荀氏家族内部，对于子弟的道德教育尤为强调宗族之中的帮扶。这首先表现在经济上的赈赡。以荀淑为肇始，荀氏的宗家通过乡里的经营和仕途的提升逐渐积累了丰富的经济资本，他们并未将其用于自身物质条件的改善，而是多将财物分与宗族，以帮助族内的孤弱

① 唐长孺．魏晋南朝的君父先后论[M]//唐长孺．魏晋南北朝史论拾遗．北京：中华书局，1983：233—248.

② 法藏古写本《晋书》残卷(P. ch. 3481)[M]//王重民，黄永武．敦煌古籍叙录新编：第五册史部一，第110页。

③ 《晋书·何曾传》引《傅子》“何曾荀顗论”。

④ 《世说新语》卷中之下《品藻第九》孝标注引《逸士传》，余嘉锡：《世说新语笺疏》，北京：中华书局，1983，第599页；《后汉书·荀淑传附荀爽传》。

⑤ 《三国志·魏志·荀彧传附荀勖传》裴注引《晋阳秋》；《晋书·荀顗传》。

⑥ 《尔雅注疏》卷四《释亲第四》邢昺疏。

之人渡过难关，史称荀淑“产业每增，辄以赡宗族知友”，(《后汉书·荀淑传》)而荀彧荀攸尽管贵为三公，亦“禄赐散之宗族知旧，家无馀财”，(《三国志·荀彧传》)同时，与荀氏宗家对于宗族的慷慨赈赡相反，荀氏对于子弟自己的生活则极其强调修素与节俭，荀彧荀攸“并贵重，皆谦冲节俭”，(《三国志·荀彧传》)荀攸侄孙荀岳官至中书侍郎依然“家居贫约。”[①]另一方面，荀氏对于宗族的互助还表现在族内硕儒显宦对于遗孤的抚养和教导。荀悦、荀攸、荀勖均幼年丧父，分别由祖父荀淑、叔父荀衢、外祖钟繇抚养长大，并教育成才，而荀崧在堂弟荀馗早亡后，收养了其幼子荀序和荀廞，“迎与共居，恩同其子”，(《晋书·荀崧传》)并将对于族曾祖荀顗临淮公爵位的继承权让与孤侄。

再次，对于宗族认同的培养。这首先表现为对于现有宗族成员的推崇，即荀爽所谓“内举不失其子，外举不失其雠，以为至公”。[②] 荀爽在与袁阆的交流中力推荀氏八龙的才德，[③] 荀彧举荐荀攸堪为谋士，(《三国志·荀彧传》)荀彧诸子经常讨论父兄的德行所在，[④] 而荀顗亦赞荀崧堪兴荀覜家门。(《晋书·荀崧传》)同时，这种宗族认同的培养亦表现为对于既往宗族名士的铭记，即通过家传的形式，对荀氏八龙和六世九公的事迹世代传习和宣扬，以塑造子弟“磊落瑰奇，光昭合同”[⑤]的家族荣誉感，并见贤思齐，进一步完善自身以不负族望。从现有的史料来看，这种“荫籍之美”的传习无疑深刻地影响到荀氏的各个房支的子弟对于宗族的认同，且并未由于时代的变迁而衰减，及至唐朝，荀氏的后人依然为“高门霭霭，极望悠悠，凤池演庆，鹤鸣扬休”[⑥]的家史而自豪。

最后，对于宗族族望的维持。汉魏六朝时期，宗族的地位高低主要依托于族内名士气节的彰显及族内政客仕途的升降，但是由于汉魏六朝之际政权的动荡更迭，气节的坚守往往不可避免与权位的维持产生矛盾，故为维持宗族的地位，荀氏对子弟的教育尤其强调在仕宦途中谨言慎行、不加偏倚，荀攸“深密有智防，自从太祖征伐，常谋谟帷，时人及子弟莫知其所言”，(《三

① 晋故中书侍郎颍川颍阴荀君之墓志[M]//赵万里．汉魏南北朝墓志集释，台北：新丰出版公司，1982.

② 余嘉锡：《世说新语笺疏》[M]．北京：中华书局，1983：74.

③ 余嘉锡：《世说新语笺疏》[M]．北京：中华书局，1983：74.

④ 《三国志·魏志·荀彧传》裴注引何劭《粲别传》。

⑤ 《太平御览》卷四百七十《人事部一百一十一》引《荀氏家传》，[清]汤述：《九家旧晋书辑本》。

⑥ 大唐故人荀君墓志铭文并序[M]//周绍良，赵超主编．唐代墓志汇编：下、开元一四二号．上海：上海古籍出版社，1992.

国志·荀攸传》)荀勖亦“性慎密，每有诏令大事，虽已宣布，然终不言，不欲使人知己豫闻也”，(《晋书·荀勖传》)并以谨慎作为训诫，在“宗门强盛”的情况下依然时常教导诸子“人臣不密则失身，树私则背公”(《晋书·荀勖传》)的道理，在荀勖的教导之下，其十子在晋室南迁前后剧烈的政治权力变迁中小心翼翼地维持着中庸的地位，史称“兄弟贵盛，惧不容于世，虽居大官，并讽议而已”，(《晋书·荀勖传附荀组传》)荀勖诸子不因身为愍帝舅氏而骄纵，亦不因联姻渤海刁氏而试图参与权力的重组，故得以在“刻碎之政”失败后免受姻亲的牵连，(《晋书·荀勖传附荀邃传》)并在东晋之初的剧烈动荡中保全了荀氏身居三公的地位。另一方面，在谨言慎行以维持宗族权位的同时，荀氏亦强调“平运则弘道以求志，陵夷则濡迹以匡时”(《后汉书·荀淑传附荀爽传》)的责任担当，在面对东汉外戚宦官竟相专权的局面时，荀淑“讥刺贵幸”，(《后汉书·荀淑传》)荀翌荀昙“兄弟皆正身疾恶，志除阉宦”，(《后汉书·荀淑传》)而在汉魏易代的政治与道德剧烈冲突之际，荀彧出仕曹操以“翼赞时英，一匡屯运”，[①] 并为保证人臣之义而反对禅代、引鸩身死。[②] 同时，荀氏亦要求子弟以德待人，践行“积德之族”(《晋书·荀崧传》)的原则，这首先表现为对于君主与举主节义坚守，荀勖作《议故吏为旧君服表》，强调“反服旧君，于义为弘”，且这种对于君主与举主的敬与义不应因政局的变迁而弃如敝履，[③] 荀勖自身即在高平陵之变后独自前往为其举主曹爽收尸，(《晋书·荀勖传》)而在其影响之下，其孙荀闿亦在八王之乱中为暴尸三日的举主齐王冏请葬。(《晋书·荀勖传附荀闿传》)另一方面，这种“积德之族”的原则还表现在对于百姓和门生的谦和善待，荀彧“折节下士，坐不累席”，[④] 荀勖“遗爱在民，百姓生为立祠”，[⑤] 荀邈“为政以德，人怀之”，[⑥] 荀邃夫妇亦广为布施，尽力救助饥荒的百姓。[⑦]

(二)“贤妃助国，哲妇隆家”的女子道德教育

中国古代史的书写以政治史和军事史为主，这使得历史所铭记的更多是男子的生平言行，女子更多地隐于家族之内，承担着古代社会要求她们所具

① 《三国志·魏志·荀彧传》裴注。

② 《三国志·魏志·荀彧传》裴注引《魏氏春秋》。

③ 《通典》卷九十《礼典五十》引荀顗《议故吏为旧君服表》，严可均：《全晋文》卷三十一《荀顗文》，《全上古三代秦汉三国六朝文·全晋文(上)》。

④ 《三国志·魏志·荀彧传》裴注引《典略》。

⑤ 吴士鉴：《晋书斠注》卷三十九《荀勖传》。

⑥ 汤逑：《九家旧晋书辑本》辑《晋诸公别传》，上海：商务印书馆，1936：538.

⑦ 汤逑：《九家旧晋书辑本》辑《晋诸公别传》，上海：商务印书馆，1936：539.

有的相夫教子的辅助职能，所以对于荀氏道德教育的研究，还需注意到的是荀氏宗族教育中对于家族内女子的教育。这主要表现在对于女子“妇德”的重视。汉儒对于周礼的推崇使得“周室三母”的言行成为中古时期衡量女子品性的重要标准，因而在经学世家的内部，“男以忠孝显，女以贞顺称”(《后汉书·列女传》)成为家族对于子弟的普遍期求。荀爽即强调“夫妇人伦之始，王化之端”“夫妇之道，所谓顺也”，(《后汉书·荀淑传附荀爽传》)并作《女诫》教化族内女子：“明当许嫁，配适君子，竭节从理，昏定晨省，夜卧早起，和颜悦色，事如依恃，正身洁行，称为顺妇，以崇《螽斯》”。[①]《螽斯》，即《诗经·国风·周南·螽斯》，按唐代孔颖达的解释：“言后妃不妬忌，子孙众多……言仁厚戒慎和集尔。”[②]荀氏对于“妇德”的界定主要延续了郑玄“妇德即贞顺”[③]的主张，强调女子对夫家恭顺有礼、相敬如宾以及妻妾妯娌之间彼此和睦，这种对于女子贞顺的期求亦可以从荀氏对于族内女子名和字的选定中所见：“息女柔，字徽音，年廿，适乐陵石庶祖……次女和，字韶音，年十七，适颍川许昌陈敬祖三曰妇。次女恭，字惠音，年十四，适弘农杨士产拜时。晚生二女皆不育。”[④]荀岳五女之名尚有三者可考，应出于“柔和恭顺，不为佷戾”之意，而长女荀柔字徽音，可以明显看出典出《诗经·大雅·文王之什·思齐》中对于文母太姒“大姒嗣徽音，则百斯男”[⑤]的赞颂之语，与荀氏“以崇《螽斯》”的训诫相合，而太姒以“仁而明道”“思媚大姜大任”“旦夕勤劳”“成武王周公之德”[⑥]为汉儒所推，效仿其德亦与荀氏对于女子事上以敬、处下以和的强调相符。

这种“妇德即贞顺”的女子教育无疑对于荀氏之女产生了深刻的影响，终汉晋之世，荀氏之女以“四德备身”而闻名，荀爽之女荀采以“勋必由乎诗礼，言必合于轨仪”[⑦]名世，并最终为亡夫阴瑜守节而死，(《后汉书·列女传》)庾衮之妻荀氏“散资财，与衮共安贫苦，相敬如宾”，(《晋书·孝友传》)除此之外，庾亮之妻荀氏亦以内闺风仪贤名传世，与以“俊才女德”闻名的王浑之妻

① 严可均：《全后汉文》卷六十七《荀爽文》，《全上古三代秦汉三国六朝文·全后汉文(下)》。

② 阮刻本十三经注疏．毛诗注疏[M]．上海：上海古籍出版社，2013：54.

③ 阮刻本十三经注疏．周礼注疏[M]．上海：上海古籍出版社，2013：265.

④ 晋故中书侍郎颍川颍阴荀君之墓志[M]//赵万里：《汉魏南北朝墓志集释》，台北：新文丰出版公司，1982：40.

⑤ 阮刻本十三经注疏．毛诗注疏[M]．上海：上海古籍出版社，2013：1499.

⑥ 刘向．古列女传[M]．北京：中华书局，1985：31—32.

⑦ 周故朝散大大洛州永宁县令上柱国杜府君墓志铭[M]//周绍良，赵超．唐代墓志汇编续集：神功三号．上海：上海古籍出版社，2001.

钟琰声名相匹，[①] 甚至远至唐朝，荀组的后裔陈公夫人亦因“三从有节，四德无亏”而闻名郡乡。[②]

需要强调的是，这种以培养“顺妇”为目标的教育在着重塑造女子贞顺品德的同时亦未忽略果决对于家族的意义，这在魏晋易代的时局动荡中具有迫切的现实需求。所以荀氏女子教育的另一面是强调在家族面临危机时挺身而出，与夫与父共面危局。荀崧幼女荀灌“幼有奇节”，在荀崧襄阳之围时毅然率军从“凶狡”之师中突围救父，(《晋书·列女传》)(《晋书·杜曾传》)而面对淮南三叛后“同日斩戮，名士减半”[③]的危局，李丰弟媳荀氏和毋丘俭儿媳荀氏分别以洞察时局和舍身赎女而得以在夷三族的绝境中保全了膝下的儿女。[④]

三、荀氏家学的经史礼法教育

(一)“少而好学，博览经传”的经史教育

钱穆先生在《略论魏晋南北朝学术文化语与当时门第之关系》中认为：“可谓当时门第传统共同理想，所希望于门第中人，上至贤父兄，下至佳子弟，不外两大要目：一则希望其能具有孝友之内行，一则希望其能有经籍文史学业修养。此两种希望，并合成当时共同之家教”，[⑤] 除了强调孝义与宗族的道德教育外，荀氏家学的另一组成部分便是重视经史与礼法的文化教育。这在宏观的时代背景上是源于政府对于通经入仕的推行，而在微观的家族内部则因族人对于“代不乏贤”的期许。具体而言，由于汉代政府对于儒术的尊崇，儒家经典的研习成为教育领域的主导，这种现象伴随武帝之后通经与入仕的衔接、元帝之后儒学与政权的匹配而逐步加剧，至两汉之交，“遗子黄金满籝，不如一经”(《汉书·韦贤传附韦玄成传》)已成为社会的普遍观点。另一方面，在家族内部，对于文化知识的传习有助于其子弟才德品性的塑造，即陈蕃所言“生于公族，闻道渐训”“长于三辅礼义之俗，所谓不扶自直，不镂自雕”，(《后汉书·徐穉传》)与此同时，家族的族望亦依托子弟在才学上的名世，而这种累世传经累世公卿的家史进一步加强了家族在文化心理上的认同。

从经史教育的内容上来讲，荀氏的家学主要以世代修习《春秋》为主，据

---

① 大唐越国故太妃燕氏墓志铭[M]//周绍良，赵超，主编．唐代墓志汇编续集：咸亨一二号．上海：上海古籍出版社，2001. 余嘉锡：世说新语笺疏[M]. 北京：中华书局，1983：807－808.

② 唐陈公故荀氏夫人墓志铭[M]//周绍良，赵超主编．唐代墓志汇编续集：大中四一号．上海：上海古籍出版社，2001.

③ 《三国志·王淩传附令狐愚传》裴注引《汉晋春秋》。

④ 《晋书·刑法志》;《三国志·夏侯尚传附夏侯玄传》裴注引《世语》。

⑤ 钱穆. 中国学术思想史论丛[M]. 北京：生活·读书·新知三联书店，2009：178－179.

《会稽典录》载，荀季卿“授《春秋》，治律令，明达法理”。[1] 荀氏子弟在长辈的指导下自幼即修习《春秋》，并且大多在总角之时已明经晓义，《后汉书》称荀爽“幼而好学，年十二，能通《春秋》《论语》”，(《后汉书·荀淑传附荀爽传》)其侄荀悦“年十二，能说《春秋》”，(《后汉书·荀淑传附荀悦传》)曾孙荀勖亦“年十二，能通《春秋》、属文”，少年之时即有“当及其曾祖”的美誉。[2]

另一方面，伴随东汉学术界古文经学的兴起及颍川郡本身私学教育的多元，荀氏的家学在世习《春秋》的同时亦重视对于子弟通儒之学的培养，始祖荀淑即“少有高行，博学而不好章句，多为俗儒所非”，(《后汉书·荀淑传》)主张经史典籍和见闻阅历的通学博览。在其影响之下，荀氏子弟多以博学见称于世，荀爽“文章典籍无不涉”并求学于同郡陈寔，[3] 荀勖“有博洽之才”且受律于外祖钟繇，(《晋书·荀勖传》)荀顗“博学洽闻，理思周密”，(《晋书·荀顗传》)荀绰亦“博学有才能”为世人所称。(《晋书·荀勖传》)同时，荀氏亦强调“通才未能孤废”，[4] 要求子弟对于《春秋》之外的其他经籍亦有所专精，《礼》学领域，荀顗“明三《礼》，知朝廷大仪”，(《晋书·荀顗传》)；荀万秋才学名世作《礼论抄略》(《宋书·荀伯子传附荀万秋传》)；(《隋书·经籍志一》)《易》学领域，荀爽著《易传》，与郑玄《易注》声名相匹，(《后汉书·申屠蟠传》)；(《后汉书·儒林传》)荀煇作《易集解》，[5] 荀闳荀顗同王弼钟会论《易》无互体。[6]

从经史教育的学习态度上来讲，荀氏强调明经笃学，手不释卷。荀爽“耽思经书，庆吊不行，征命不应”，(《后汉书·荀淑传附荀爽传》)荀悦“所见篇牍，一览多能诵记”，(《后汉书·荀淑传附荀悦传》)荀崧“年虽衰老，孜孜典籍”，(《晋书·荀崧传》)荀绰在战乱流离之际亦“家有书百馀，盐米各十数斛而已”。(《晋书·裴宪传》)

从经史教育的成效上来讲，首先表现为荀氏子弟著述在数量和种类上的丰富。荀爽著“《礼》《易传》《诗传》《尚书正经》《春秋条例》，又集汉事成败可为鉴戒者，谓之《汉语》。又作《公羊问》及《辩谶》，并它所论叙，题为《新书》。凡百余篇”，(《后汉书·荀淑传附荀爽传》)荀悦撰《申鉴》《汉纪》及“《崇德》《正

---

① [南朝宋]何法盛《晋中兴书》卷七《荀录》，[清]汤逑．九家旧晋书辑本[M]．上海：商务印书馆，1936：458.

② 《晋书·荀勖传》；《太平御览》卷三百八十五《人事部二十六》引《荀氏家传》//吴士鉴：《晋书斠注》卷三十九《荀勖传》。

③ 余嘉锡．世说新语笺疏[M]．北京：中华书局，1983：74.《三国志·魏志·王烈传》裴注引《先贤行状》。

④ 严可均．全上古三代秦汉三国六朝文·全晋文(上)[M].

⑤ 《三国志·魏志·荀彧传》裴注引《荀氏家传》；《旧唐书·经籍志上》。

⑥ 《三国志·魏志·荀彧传》裴注引《荀氏家传》；《晋书·荀颤传》。

论》及诸论数十篇”，(《后汉书·荀淑传附荀悦传》)此外，查阅《隋书》和《旧唐书》的《经籍志》，亦多可见荀氏子弟的著述记载，荀煇、荀昶、荀万秋以释经见长，(《隋书·经籍志一》)(《旧唐书·经籍志上》)荀攸、荀绰、荀勖以撰史著称。(《隋书·经籍志二》)(《旧唐书·经籍志上》)

其次，表现为荀氏子弟在仕宦领域多出仕于具有高文化修养要求的官职。据《后汉书》《三国志》《晋书》载，荀爽、荀悦、荀彧、荀攸、荀顗、荀勖、荀崧、荀藩、荀闿、荀组、荀奕均担任过“旧儒高德，博学渊懿”[①]的侍中之职，荀煇、荀组、荀奕、荀崧任中庶子“职如侍中”,[②] 荀愔、荀闿任博士祭酒教习诸子之学,[③] 荀邃任中舍人、太子洗马掌文翰图籍以释奠讲经。(《晋书·职官志》)

最后，表现为世习《春秋》对于荀氏史料处理、撰史体例和撰史意识的影响。史料处理方面，有代表性的是荀勖《晋中经簿》对于汲冢竹书的整理。西汉以后，学者已发现先秦对于三代史事的载述存在着明显的抵牾，尽管《春秋》三传在对于三代的回忆中不乏杀伐之语，但是由于诸子对于“至仁伐至不仁”的渲染而讳莫如深。晋咸宁五年(279 年)，战国魏的汲冢竹书经由民间盗墓出土，由于使用古科斗文书写且为盗墓者焚烧而散乱难识，荀勖与束皙受命对汲冢竹书进行整理和翻译，并最终审定成书七十五篇。[④] 荀勖在校理的过程中严格遵循了史事撰述“不虚美，不隐恶”的原则，将汲书中“大甲杀伊尹，文丁杀季历”(《晋书·束皙传》)等去圣化后的三代史事如实呈现，并与《春秋》两相校对，使汲书史料得到“编年相次”“《左氏》扶同”(《隋书·经籍志二》)的有序整理，使“学者为古所惑，则代成聋瞽，无由觉悟”[⑤]的局面得以改观，并为经史分途的进程作出了巨大的贡献。撰史体例方面，以荀悦《汉纪》为肇始，荀氏的史作多延习《春秋左氏传》的编年之体，且多有“《春秋》之义”的褒贬评述,[⑥] 这进一步体现在继承《春秋公羊传》“拨乱世，反诸正”的撰史意识上，荀氏子弟的史作尤其强调汉家故事“刑政”之道对于当世治国为家的意义，主张“立典有五志”，(《后汉书·荀淑传附荀悦传》)强调史作通达道义、彰显法律、

---

① 《后汉书》补司马彪《续汉书志》卷二十六《百官志三》刘昭注引蔡质《汉仪》。

② 《后汉书》补司马彪《续汉书志》卷二十七《百官志四》。

③ 杨晨．三国会要：卷十五学校[M]．北京：中华书局，1956：285.

④ 《晋书·荀勖传》。汲冢竹书由于与儒家经学所构建的“王功”“圣道”严重悖离而大多已于宋时亡佚，今可见全篇者惟有《穆天子传》六卷，此外，战国魏的编年史《纪年》有古本和今本两版辑佚传世，成为今日先秦史研究和先秦考古研究的重要史料依据，相关辑录可见范祥雍．古本竹书记年辑校订补[M]．上海：上海古籍出版社，2011.

⑤ 浦起龙．史通通释[M]．上海：上海古籍出版社，2009：426.

⑥ 《后汉书·荀淑传》并章怀太子注。

贯通古今、宣扬功勋、表彰贤能的职能，荀爽“集汉事成败可为鉴戒者，谓之《汉语》”，(《后汉书·荀淑传附荀爽传》)荀悦作《汉纪》“惩恶而劝善，奖成而惧败”，[①] 荀攸作《魏官仪》，(《隋书·经籍志二》)荀绰撰《九州纪》，[②] 均试图以西汉史事为借鉴，以明世道得失，从而外规劝统治者“德刑并用”“法教并行”，[③] 内教导诸子弟“君子之途”“刑礼兼焉”，[④] 这种拨乱反正、以史为鉴的观念进一步影响到荀氏文化教育中对于礼法教育的重视，并最终塑造了荀氏子弟礼乐刑律并精、教化刑法并重的家学特点。

(二)“并隆礼学，渐敦教化”的礼法教育

荀氏的经史教育对于“惩恶而劝善，奖成而惧败”的强调伴随时局，对达于事功的推崇，无疑促进了荀氏对于德刑并用的重视，另一方面，颍川郡本身“高仕宦，好文法”的传统与崇教化、通经学的环境又进一步加强了荀氏对于礼法并行的认同，故荀氏文化教育的另一项重要组成部分，即为明礼乐、通刑律、重法教的礼法教育。

首先，在礼乐教育方面，荀氏延续了孔子“安上治民，莫善于礼，移风易俗，莫善于乐”的教育观点，主张“礼者，所以兴福祥之本，而止祸乱之源”。[⑤] 在此思想基础之上，荀氏对于子弟的礼乐教育强调礼制和音律的修习，重视礼乐对子弟自身的文化修养和气质品性的塑造。修养品性方面，主要表现为对于子弟外在行为“动止合礼”“蹈礼立德”[⑥]的规约，以及内在气质“清和通雅”“容止可则”[⑦]的塑造。礼制修习方面，主要表现为对于礼经的研究和对于朝仪的熟稔，对于礼经的研究在荀氏的通儒之学部分已有阐发，在此不加赘述，而对于朝仪的熟稔体现在荀氏子弟在各个新兴政权中对于典礼和官制议定，荀顗在蜀汉亡后“删改旧文，撰定晋礼”，(《晋书·文帝纪》)(《晋书·荀顗传》)为西晋在封爵、祭祀、教化等诸领域的改制划定框架，荀崧与刁协“共定中兴礼仪”，(《晋书·荀崧传》)使东晋“宪章未立，朝臣无习旧仪”(《晋书·刁协传》)的局面有所缓解，此外，荀绰亦作《百官表注》十六卷，(《隋书·经籍

---

① 《汉纪》卷首《序》，《两汉纪(上)》。

② 见《三国志》裴注引荀绰《冀州纪》《兖州记》，并见《世说新语》如孝标注，北京：中华书局，1983.

③ 《申鉴》卷一《政体》；卷二《时事》。

④ 《申鉴》卷一《政体》。

⑤ 《后汉书·荀淑传附荀爽传》引荀爽《延熹九年举至孝对策陈便宜》。

⑥ 余嘉锡．世说新语笺疏[M]．北京：中华书局，1983：599.

⑦ 《文选》卷三十八引《表下》任彦生《为萧扬州荐士表》注引臧荣绪《晋书》，吴士鉴：《晋书斠注》卷三十九《荀顗传》，第3218页；《太平御览》卷三百八十九《人事部三十》引《荀氏家传》，汤述：《九家旧晋书辑本》辑《晋诸公别传》，第539页；《三国志·魏志·荀彧传》；《晋书·荀崧传》。

志二》）为十六国后赵政权的制度建设提供了一个较为具体的指导。[①] 音律修习方面，主要表现为对于音韵的造诣和对于《周礼》乐史修正，荀勖“善解音声”并参与古尺律吕的改进，为西晋的国乐《正德》《大豫》谱曲，[②] 其子荀藩继承父业，延续对于钟磬庙飨的礼乐制定，（《晋书·裴秀传附裴頠传》）此外，其孙荀邃亦“解音乐，善谈论”，（《晋书·荀勖传附荀邃传》）而其族兄荀煇则有“定音律”[③]的记载。

其次，在刑律教育方面，荀氏深受颍川郡“好文法”的传统影响并自有《律》学传家，荀季卿即曾开办私学教授律令。这种对于刑律的研习伴随着东汉中后期后荀氏与同郡长社钟氏、阳翟郭氏的交游与联姻而进一步深化，荀勖即因幼时为外祖钟繇抚养教导而有谙于文法。（《晋书·荀勖传》）此外，荀诜同庾嶷、刘劭共定科令，著《律略论》，（《三国志·刘劭传》）荀煇亦参与入贾充主持下的《新律》编修以典正名实。（《晋书·贾充传》）

最后，在礼法并行的法教教育方面，荀氏尤其强调在治世教民的过程中对于礼乐与刑律的并用，主张“拨乱抑强则先刑法，扶弱绥新则先教化，安平之世则刑教并用”，[④] 依据社会环境的变迁而调整教化与刑法的多寡，此外，荀氏亦主张辨别受教百姓的品性以分别实施法教，即荀悦所言：“性虽善，待教而成；性虽恶，待法而消”“礼教荣辱以加君子，化其情也；桎梏鞭朴以加小人，治其刑也”。[⑤] 在此影响之下，荀氏子弟在仕宦中多重视明赏罚，敦教化，荀彧劝谏曹操“法令既明，赏罚必行……并隆礼学，渐敦教化”，[⑥] 荀勖建议司马昭“笃义行，崇敦睦……重敬让，尚止足”，[⑦] 荀崧强调“经始明堂，营建辟雍”，[⑧] 荀诜亦“敦崇教化，百姓称之。”（《三国志·刘劭传》）这使荀氏子弟在汉晋之世以进善退恶而知名于世，并以能臣干吏而最终见称于史。

结语

对于中古时期士族的研究一直是史学研究领域国内外的学者极为关注的

---

① 法藏六朝写本《晋纪》残卷(P. ch. 2586)[M]//王重民，黄永武．敦煌古籍叙录新编：第五册史部一，台北：新文丰出版公司，1986：163；黄桢．书籍的政治史——以《晋公卿礼秩故事》《晋百官表注》为中心[J]．中华文史论丛，2015(2)．

② 余嘉锡．世说新语笺疏[M]．北京：中华书局，1983：827－829.《晋书·乐志上》。

③ 《三国志·魏志·荀彧传》裴注引《荀氏家传》。

④ 《汉纪·孝元皇帝纪》，《两汉纪(上)》。

⑤ 《申鉴》卷一《政体》，第 2 页，卷五《杂言下》。

⑥ 《三国志·魏志·荀彧传》裴注引《彧别传》。

⑦ 《晋书·荀勖传》引荀勖《省吏议》。

⑧ 《晋书·荀崧传》引荀崧《上疏请增置博士》。

话题，而对于士族家学的研究则代表了教育史领域对于汉唐之间教育讲习和文化传承的认知。在现有的教育史研究成果中，对于士族家学的研究还基本停留于宏观上对于士族群体整体教育活动的分析，缺乏对于某一士族个案的聚焦关注，而由于士族在很大程度上深受其外在环境和内在传统的双重影响，故其家学亦体现出某种鲜明的个性特质。正是从此角度出发，本文对于汉魏六朝家学的研究将研究对象锁定为颍川荀氏一个士族，希望通过对其进行个案的研究，以揭示其家学独有的特质。

从外在环境上分析，荀氏家学的形成在很大程度上深受其所出的颍川郡影响，重视宗族内部的联结和外部的交游，以及文法的传习和诸经的研究。在此基础之上，荀氏的家学主要关注于两个领域，即强调笃睦宗族的道德教育及修习经史文法的文化教育。在道德教育方面，以宗族教育为重，荀氏的道德教育极为重视宗族内部的认同帮扶及外部的族望守护，同时，在道德教育的另一方面，结合现有的出土文献，我们亦可发现传世文献中所失载的荀氏对于女子妇德的培养。在文化教育方面，荀氏的家学以世传《春秋》为主，并重视通儒之学的培养，其对于《春秋》的传习和理解兼采《左传》和《公羊》，这在汉魏六朝政治变动和文化分途的背景下塑造了荀氏子弟拨乱反正、以史为鉴的个性与抉择，并进一步影响到荀氏入仕治世法教并行的观点。除了经史教育以外，荀氏的家学亦长于礼乐和刑律，这源于对于传统儒家思想的继承和对于地域法家思想的浸染，并且很有可能因此原因，荀遂荀淑父子将祖先追溯为荀子，强调礼法兼治、法教并行，塑造了其子弟在汉魏六朝的仕宦之中明赏罚、敦教化的行为方式。

从研究的意义上来说，本文除了希望能对于士族家学进行更加细化的个案关注外，亦希望在研究方法上兼采和贯通更多的史料与史事，故本文研究的史料来源包含传世文献和出土文献两个部分，在传世文献中，除了《后汉书》《三国志》《晋书》等传统的皇朝史史料外，亦兼有史注和辑佚中所见的私人撰史，以尽可能在史料的撰修时间上贴近荀氏所处的时代，在史料的记述内容上呈现更丰富更多元信息，以更加客观和细致地对于荀氏的家学进行个案研究。

参考文献：

一、史籍类

[1]中华书局点校本．史记、汉书、后汉书、三国志、晋书、宋书、南齐书、梁书、陈书、魏书、北齐书、隋书、南史、北史、旧唐书[M]．北京：中华书局，1959—1975.

[2]阮刻本十三经注疏．毛诗注疏、周礼注疏、尔雅注疏[M]．上海：上海古籍出版

社，2013.
[3]刘向．古列女传[M]．北京：中华书局，1985.
[4]荀悦．申鉴[M]．龚祖培，校点．沈阳：辽宁教育出版社，2001.
[5]荀悦，袁宏．两汉纪[M]．张烈，点校．北京：中华书局，2002.
[6]余嘉锡．世说新语笺疏[M]．北京：中华书局，1983.
[7]颜之推．颜氏家训集解[M]．王利器，集解．增补本．北京：中华书局，1993.
[8]杨衒之．洛阳伽蓝记校释[M]．周祖谟，校释．北京：中华书局，1963.
[9]林宝．元和姓纂：附四校记[M]．岑仲勉，校记．北京：中华书局，1994.
[10]刘知几．史通通释[M]．浦起龙，通释．上海：上海古籍出版社，2009.
[11]杨晨．三国会要[M]．北京：中华书局，1956.
[12]汤述，辑．九家旧晋书辑本[M]．上海：商务印书馆．1936.
[13]吴士鉴，刘承幹．晋书斠注[M]．吴兴：刘氏嘉业堂刊本，1928.
[14]严可均，辑．全上古三代秦汉三国六朝文[M]．北京：商务印书馆，1999.
[15]赵翼．廿二史札记校证[M]．王树民，校证．北京：中华书局，1984.
[16]逯钦立，辑校．先秦汉魏晋南北朝诗[M]．北京：中华书局，1988.
[17]周天游，辑注．八家后汉书辑注[M]．上海：上海古籍出版社，1986.

二、著作类

[1]陈启云．荀悦与中古儒学[M]．高专诚，译．沈阳：辽宁大学出版社，2000.
[2]陈苏镇．《春秋》与“汉道”：两汉政治与政治文化研究[M]．北京：中华书局，2011.
[3]陈寅恪．隋唐制度渊源略论稿；唐代政治史述论稿[M]．北京：商务印书馆，2011.
[4]陈寅恪．金明馆丛稿初编[M]．上海：上海古籍出版社，1980.
[5]胡宝国．汉唐间的史学发展[M]．修订本．北京：北京大学出版社，2014.
[6]逯耀东．魏晋史学的思想与社会基础[M]．北京：中华书局，2006.
[7]吕思勉．吕思勉读史札记[M]．上海：上海古籍出版社，2005.
[8]钱穆．中国学术思想史论丛[M]．北京：生活·读书·新知三联书店，2009.
[9]仇鹿鸣．魏晋之际的政治权力与家族网络[M]．上海：上海古籍出版社，2015.
[10]唐长孺．魏晋南北朝史论丛[M]．北京：生活·读书·新知三联书店，1955.
[11]唐长孺．魏晋南北朝史论拾遗[M]．北京：中华书局，1983.
[12]唐长孺．唐书兵志笺证：外二种[M]．北京：中华书局，2011.
[13]田余庆．秦汉魏晋史探微[M]．重订本．北京：中华书局，2011.
[14]王仲荦．魏晋南北朝史[M]．上海：上海人民出版社，2016.
[15]興膳宏，川合康三．隋书経籍志詳攷[M]．东京：汲古書院，1995.
[16]阎步克．察举制度变迁史稿[M]．沈阳：辽宁大学出版社，1991.

三、考古报告及出土文献类

[1]罗新，叶炜．新出魏晋南北朝墓志疏证[M]．北京：中华书局：2005.
[2]王重民，原编．敦煌古籍叙录新编[M]．黄永武，新编．台北：新文丰出版公司，1986.

[3]文化部文物局古文献研究室，编．出土文献研究[M]. 北京：文物出版社，1985.

[4]赵超．汉魏晋南北朝墓志汇编[M]. 天津：天津古籍出版社，1992.

[5]赵万里．汉魏南北朝墓志集释[M]. 台北：新文丰出版公司，1982.

[6]周绍良，赵超，主编．唐代墓志汇编[M]. 上海：上海古籍出版社，1992.

[7]周绍良，赵超，主编．唐代墓志汇编续集[M]. 上海：上海古籍出版社，2001.

四、论文类

[1]曹文柱．20 世纪魏晋南北朝史研究[J]. 历史研究，2002(5).

[2]陈长琦，范兆霖．魏晋南北朝史研究三十年[J]. 史学月刊，2009(10).

[3]陳爽．近 20 年中國大陸地區六朝士族研究概觀[J]. (日)中國史學・魏晉隋唐史專號，2001.

[4]陈雁．东汉魏晋时期颍汝、南阳地区的私学与游学[J]. 文史哲，2000(1).

[5]范兆飞．权力之源：中古士族研究的理论分野[J]. 学术月刊，2014(3).

[6]胡宝国．汉晋之际的汝颍名士[J]. 历史研究，1991(5).

[7]黄桢．书籍的政治史：以《晋公卿礼秩故事》《晋百官表注》为中心[J]. 中华文史论丛，2015(2).

[8]刘静夫．颍川荀氏研究：魏晋南北朝士族门阀个案研究之一[J]. 南充师院学报(哲学社会科学版)，1987(3).

[9]荣建新．80 年代以来魏晋南北朝大族个案研究综述[J]. 中国史研究动态，1996(4).

[10]孙正军．魏晋南北朝史研究中的史料批判研究[J]. 文史哲，2016(1).

[11]薛海波．东汉颍川豪族的官僚化和士族化[J]. 文史哲，2006(6).

家学影响下的魏晋士族子弟生活研究

张文宇

摘　要： 家学是我国古代教育中十分重要的一部分，在官学不济的魏晋时期，家学通过在士族中对于士族子弟个人成长、士族家学门风的形成，在当时的社会、政治、文化等方面发挥着重要的影响作用。本文分别从家学影响下的士族子弟生活的五方面：精神生活、政治生活、教育生活、社会生活、家庭生活进行梳理，根据家学对于士族子弟产生的影响在其生活中的表现来讨论家学的影响。结语部分对于前面五部分进行了总结，并通过有机整合士族子弟生活各方面的表现来讨论魏晋士族家学对于当代家庭教育的启示。

关键词： 魏晋时期；士族；家学

一、家学影响下的魏晋士族子弟精神生活

宗白华说："汉末魏晋六朝是中国政治上最混乱、社会上最痛苦的时代，然而却是精神史上极自由、极解放、最富于智慧、最浓于热情的一个时代。"① 在这段时间，士族阶层在一定时间上经历了国家政治、军事上的冲突与动荡之后，以中原士族为甚，由群体到个人都爆发出了一种对于士大夫集团性利益的自觉，并由此逐渐形成了士族阶层在魏晋南北朝时期的独特处世哲学，而士族子弟则在家学影响下，通过其言谈举止、文艺创作中展现出其特有的精神风貌。

（一）礼法相终始

魏晋时期的政权大多与士族形成一种互相依赖、帮扶而又挟制的关系，士族子弟的政治支持、部曲的武力支持以及士族代表对于政权的名望支持都是政权所需要的，如曹魏与中原士族，孙吴与江左、江东士族，东晋政权与侨寓北士、土著南士。而士族也需要相对的特权和措施以图保全家族名声和

---

① 宗白华．论《世说新语》和晋人的美[M]//宗白华．美学散步．上海：上海人民出版社，1981：177.

利益。维护家门不衰、打理族内关系都需要以儒家礼法作为根基。无论是以“孝”“友”为根基的中原士族，还是以“忠”“厚”为根基的江东士族，其士族子弟自幼多习明经，族中家长也多以儒教礼法作为训诫士族子弟的准则与对其未来发展的期望。

如三国时王昶，其父王泽曾以经术进仕，王昶在《戒兄子及子书》中言道“夫孝敬仁义，百行之首，行之而立，身之本也。孝敬则宗族安之，仁义则乡党重之，此行成於内，名著于外者矣。”强调“孝敬”“仁义”的行事准则，并依此才能“宝身全行”，名扬于外。并且他为训诫子侄，还依儒道两家为其取字，“欲使汝曹立身行已，遵儒者之教，履道家之言，故以玄默冲虚为名，欲使汝曹顾名思义，不敢违越也。”[①]王昶子浑字玄冲，深字道冲，湛字处冲。裴松之注王湛最有德誉，王浑子王济少有隽才令望，王氏子弟“显重於世，为时盛门云”。[②]

而在三国时期文化发展较为保守的江东地区，以儒学为根基的家学传统则表现得更为明显，如三国时吴郡陆氏陆绩自述“幼敦《诗》《书》，长玩《礼》《易》”，另外他还“博学多识，星历算数无不该览。……虽有军事，着述不废，作《浑天图》，注《易》释《玄》，皆传于世”。(《三国志·吴书·陆绩传》)西晋时，陆机“少有异才，文章冠世，伏膺儒术，非礼不动”，(《晋书·陆机传》)陆云被称为当世颜子，都能体现出以陆氏为代表的江东土著士族家学精神中保守重儒、尚文好礼、推重名节的儒学根基思想，而其后虽然以二陆入洛为代表的南士开始习玄，但其家学根基以及在儒。

两晋时期的中原士族好清谈多习玄，但其家学的精神根基也依旧在于儒教。琅琊王氏王祥自东汉末历三代，笃孝纯至，曹髦在位时曾诏“关内侯王祥履仁秉义，雅志淳固”，(《三国志·魏书·三少帝纪》)“命祥为三老。祥南面几杖，以师道自居”。(《晋书·王祥传》)至西晋年间去世时以“信、德、孝、悌、让”作为立身之本作遗令训教子孙，而琅琊王氏一门也累世文采风流，至东晋时，王导上疏“自魏氏以来，迄于元康之际，公卿世族，豪奢相高，政教陵迟，不遵法度”，纲纪废弛，士族生活奢侈散漫，而王氏家族内部则十分重视立法制度。

(二)风流任自然

魏晋时期，士族阶层虽与王权互相依托，但是面对长期的政治动乱却无法在经学礼法中寻找到可以解决这种斗争局面的方法，不少士族开始在儒教

① 马秋帆，主编．魏晋南北朝教育论著选[M]．北京：人民教育出版社，1988：30.

② 裴松之.《三国志注·魏书·王昶传》，引自《晋书·王湛传》.

之外的学说寻求寄托，以《老子》《周易》《庄子》三玄的无为、不辨是非为基础的玄学形成风气，当时士族大家中不乏有做《周易》学的，如王朗。但从"正始之音"中，何晏"少以才秀知名，好《老》《庄》言，作《道德论》及诸文赋著述凡数十篇"，(《三国志·魏书·曹真传》)王弼"好论儒道，辞才逸辩，注《易》及《老子》"，(《三国志·魏书·钟会传》)玄学清谈风尚渐起，不少士族子弟慕之习玄。魏晋之际，竹林七贤否认礼法的作用，嵇康"士术形骸，不子藻饰……学不师受，博览而无不该通，长好《老》《庄》。"(《晋书·嵇康传》)阮籍"博览群籍，尤好《老》《庄》"，(《晋书·阮籍传》)表现出厌避政治、超越礼法的态度。玄学开始进入士族子弟治学的内容并在士族家学中占有了一席之地，如琅琊王氏王衍"妙善玄言，唯谈《老》《庄》为事。……义理有所不安，随机更改，世号'信口雌黄'。"(《晋书·王衍传》)可看出，玄学其内容虽然多浮华，但却有利于促进士族言谈辞辩的进化，王衍在谈玄时，议论可根据应对随时更改，就像诡辩。而随着士族阶层对于"士族"与"寒门"相对的这种身份上的自觉，与士阶层、家族意识的觉醒，使得士族子弟开始追求以"才"而矜，而玄学自然放任的思想也促进了魏晋士族子弟才华与审美的激荡。

到西晋建立，士族阶层在经济生活上的优渥与自由放任思想的进一步发展使士族子弟开始追求身名俱泰，物质生活和名士情操兼顾，当时士族子弟多才华横溢，且文艺创作活动丰富，其中尤以太康文学名士为著称，如"潘文灿若披锦，无处不善；陆文若排沙简金，往往见宝。潘文简而净，陆文深而芜"，(《世说新语·文学》)潘岳文章简洁，陆机文藻华丽，而陆机作为入洛南士代表，其诗作文赋表现出当时南方士族子弟远途北上的思乡之情以及在仕途上饱受挫折又希望成就事功的迫切心情。另外文人雅集也已经成为士族子弟交际往来的重要形式。

到了东晋时期，随着佛教思想的影响，仕隐兼通、山水怡情的志趣使士族的审美情趣进一步发展，清谈逐渐变成了士族表达自身的一种方式，玄言诗与山水诗成为东晋乃至南朝士族子弟文学诗作中的重要部分。永和年间士族子弟喜好集会，以孙绰、许询为代表的谈玄以制诗，使玄言诗突然流行起来，然而玄言诗却大多只是谈玄夹杂佛教思想的内容，"询及太原孙绰转相祖尚，又加以三世之辞，而《诗》《骚》之体尽矣"，[①] 并无实际情感。东晋后期，士族子弟多寄情庄园山水，如谢混"风格高峻，少所交纳，唯与族子灵运、瞻、曜、弘微并以文义赏会"，(《宋书·谢弘微传》)开启了晋以至南北朝士族子弟庄园山水文学创作的新大门。

① 檀道鸾.《续晋阳秋》卷二·穆帝《世说新语·文学》刘孝标注引.

二、家学影响下的魏晋士族子弟政治生活

承上文所述，魏晋时期士族家学及其影响下的士族子弟精神生活根基在于儒学，因此士族子弟的政治思想仍具有经学礼学色彩，士族子弟的政治行为也多旨在寻求社会的稳定和家族安全、利益的维护。

(一)以家学特长入仕

魏晋时期人才选拔的主要途径是九品中正制，当然部分地方也保存了地方官主持选举的评定制度，因此大部分士族子弟多以世袭、门荫、中正、举荐等方式入仕，一些具有特殊家传的士族中，士族子弟多以其习特长家学入仕。

曹魏时，高柔善于治法，“处法允当，狱无留滞”，(《三国志・魏书・高柔传》)曾任廷尉，曹叡即位后，高柔曾上疏请恢复学校，考察博士道义、品行，根据其治学好坏来安排官职。到西晋时，高柔次子高光“少习家业，明练法理。晋武帝世，为黄沙御史，与中丞同，迁守廷尉，后即真。终於尚书令。”[①]高光传习律学，明于用法，也以此入仕。

东晋时期，会稽贺氏贺循祖上世传《礼学》，“其先庆普，汉世传《礼》，世所谓庆氏学。族高祖纯，博学有重名”，(《晋书・贺循传》)贺循本人精通礼学，“少玩篇籍，善属文，博览群书，尤精礼传”，(《晋书・贺循传》)贺循曾上言诸经宜分置博士，“学者能兼明经义者少。……今宜周礼、仪礼二经置博士二人，春秋三传置博士三人，其余则经置一人。”[②]东晋初建，贺循就宗室礼仪制度提出很多建议，“朝廷疑滞皆谘之于循，循辄依经而对，为当世儒宗。”(《晋书・贺循传》)琅琊王氏王彪之同样精通礼学，“彪之博闻多识，练悉朝仪，自是家世相传，并谙江左旧事，缄之青箱，世谓之王氏青箱学。”(《宋书・王准之传》)当时就祭祀、婚娶、服丧等方面的礼仪规范，多由王彪之举故例或者立新例来进行指导。

晋室南渡，需要得到江东士族的大力支持，使北士与南士能够合作，朝廷为鼓励江东士族子弟积极入仕，也给予他们一些优待政策，如明帝诏“吴时将相名胄，有能纂修家训，又忠孝仁义，静己守真，不闻于时者，州郡中正亟以名闻，勿有所遗。”(《晋书・明帝纪》)此举既是为江东士族子弟提供入仕保障，也是希望能够使南渡北士与江东士族在政治上达成联盟，巩固东晋政权。

---

① 裴松之注引.《三国志・魏书・高柔传》傅畅.《晋诸公赞・世祖武帝》.

② 马秋帆，主编. 魏晋南北朝教育论著选[M]. 北京：人民教育出版社，1988：30.

(二)以家学根基理政

魏晋时期士族子弟入仕后，其政治作为受以儒学经典为根基的家学影响，表现在士族子弟对待治国之道、教育观念和礼仪制度等方面。

三国时期江东士族中以儒家德治而著名的即“陆忠顾厚”(《世说新语·赞誉》)陆氏、顾氏二门。孙吴黄龙年间，孙权征陆逊辅太子，陆逊对于孙权后代的教养十分注意，孙权子“建昌候虑于堂前作斗鸭栏，颇施小巧。逊正色曰：‘君候宜勤览经典以自新益，用此何为?’虑即时毁彻之。……南阳谢景善刘廙先刑后礼之论，逊呵景曰：‘礼之长于刑久矣，廙以细辩而诡先圣之教，皆非也。君今侍东宫，宜遵仁义以彰德音，若彼之谈，不须讲也。’”(《三国志·陆逊传》)陆逊督促宗室子弟应勤勉读书，追求进步，而不应该把时间花费在做斗鸭栏这种事情上，太子孙登宾客谢景提倡刑法之论，陆逊坚决反对他在太子面前谈论先刑后礼的理论，认为辅佐太子应遵从儒家仁义。除此之外，他还上疏反对严刑峻法之治，并且希望能育养士民，这也是他一贯推崇儒家德治的表现。吴郡顾氏，据王永平《六朝江东世族之家风家学研究》考，顾雍曾祖父顾奉曾于程曾门下学习，程曾习《严氏春秋》十余年，还家开设私学。这表明顾氏自后汉已有儒学家传，顾雍本人在政治上的表现也是厚德密重，行事沉稳律己，孙权十分器重尊重他。顾雍选用文武将吏都根据其才能任用，心无成见；张昭提出减损刑法，顾雍表示认同，从此处可以看出江东土著士族在治国之法上基本保持统一见地。王夫之《读通鉴论》中说道：“雍既秉国，陆逊益济之以宽仁，自汉末以来，数十年无屠掠之惨，抑无苛繁之政，生养休息，唯江东也独。”可以看出，顾雍、陆逊的“厚德”“忠仁”政治思想在很大程度上维护了江东地区的稳定发展，缓冲了孙吴政权及其支持者江左士族与江东士族的冲突，减少了孙吴政权与士族阶级共存的隐患。

曹魏末期，司马懿诛曹爽后，王昶曾陈略五事，“其一，欲崇道笃学，抑绝浮华，使国子入太学而修庠序。其二，欲用考试，考试犹准绳也，未有舍准绳而意正曲直，废黜陟而空论能否也。……其五，欲绝侈靡，务崇节俭，令衣服有章，上下有叙，储谷畜帛，反民于朴。”(《三国志·王昶传》)主张修官学，杜绝浮华清谈，用考试衡量百官，提倡节俭风气。

东晋时期，琅琊王氏王导上疏奏请建立学校：“夫风化之本在于正人伦，人伦之正存乎设庠序。庠序设，五教明，德礼洽通，彝伦攸叙，而有耻且格，父子兄弟夫妇长幼之序顺，而君臣之义固矣。……诚宜经纶稽古，建明学业，以训后生，渐之教义，使文武之道坠而复兴，俎豆之仪幽而更彰。”(《晋书·王导传》)王导引《礼记》《左传》等经典，言明建立学校进行儒学经礼教育是巩固人伦进而教育风化的根本，选明博修礼之士为师，才能化成俗定。以“雅道相传”为家风的陈郡谢氏，虽重玄风，但其家学仍重视礼法根基，如谢石亦曾上疏请兴复国学，“立人之道，曰仁与义。翼善辅性，惟礼与学。……请兴复国学，以训胄子；班下州郡，普修乡校。”(《宋书·礼志》)谢石认为人的道义与品性必须要经过经术礼法的教训才能够塑造，主张复国学，修乡校，重视教育。

三、家学影响下的魏晋士族子弟教育生活

钱穆先生曾说：“当时门第传统共同理想，所期望于门第中人，上自贤父兄，下至佳子弟，不外两大要目：一则希望其能具孝友之内行，一则希望其能有经籍文史学业之修养。此两种希望，并合成为当时共同之家教。其前一项表现，则成为家风，后一项之表现，则成为家学。”[①]在士族家学教育活动中，除了习经、礼、诗等儒家经典，也发展出了极具特色的教育内容。

(一)家训诫子

家诫，也就是家训。魏晋南北朝时期家训著作篇目繁多，大多在于总结个人所学、处世经验，以训诫、用典等形式，对士族子弟的个人品行塑造、行为培养进行规范，内容多在于如何塑造自己的德行志向、如何处理同族关系、如何治学仕宦等等，而这些家诫大多也都提及到若是士族子弟不能以家训规训自律，那么不仅会毁辱自己的名声，更严重的是会影响先祖与家族的名望。

如上文所提王昶除《戒兄子及子书》还有《家诫》篇，其中提到“夫立功者有二难：功就而身不退，一难也；退而不静，务伐其功，二难也。……治家亦有患焉：积而不能散，则有鄙吝之累；积而好奢，则离骄上之罪。”[②]王昶认为立功者有两大困难，一是做不到功成身退，二是喜好自夸，在家族中主持家族生息也有两难，一是敛聚吝啬，二是喜好骄奢。他分别从个人建立功业和家族维持的两方面谈到士族子弟所应注意的地方，是为了防止士族子弟言行不适导致破家辱身。

西晋名将羊祜有《诫子书》，其中提到要以恭慎忠信为做人准则，不要听信谣言，而要三思后行：“恭为德首，慎为行基。愿汝等言则忠信，行则笃敬。无口许人以财，无传不经之谈，无听毁誉之语。闻人之过，耳可得受，口不得宣，思而后动。若言行无信，身受大谤，自人刑论，岂复惜汝，耻及

① 钱穆．中国学术思想史论丛：卷三[M]．合肥：安徽教育出版社，2004：159.

② 马秋帆，主编．魏晋南北朝教育论著选[M]．北京：人民教育出版社，1988：30.

祖考。”羊祜在此也提到若是士族子弟个人的身名受损，则会使先祖和家族名望受辱。

(二)集讲研习

魏晋时期士族常常在家族内部召集子弟进行学习、探讨，朝廷也常组织士族子弟集会习经。如著名的谢安及子侄咏雪联句，“谢太傅寒雪日内集与儿女讲论文义。俄而雪骤，公欣然曰‘白雪纷纷何所似’，兄子胡儿曰‘撒盐空中差可拟’，兄女曰‘未若柳絮因风起’，公大笑乐。”(《世说新语·言语》)又如谢安问毛诗，“谢公因子弟集聚，问毛诗何句最佳？遏称曰：‘昔我往矣，杨柳依依；今我来思，雨雪霏霏。’公曰：‘訏谟定命，远猷辰告。’谓此句偏有雅人深致。”(《世说新语·文学》)谢安常与子侄内集，不仅谈论诗书玄学，也是通过内集的方式对族内子弟进行教育。

晋孝武帝时，“宁康三年九月九日，帝讲《孝经》，仆射谢安侍坐，吏部尚书陆纳、兼侍中卞耽执读，黄门侍郎谢石，吏部袁宏兼执经，中书郎车胤、丹阳尹王混摘句。”[①]这样一次讲习活动，王谢两大家的王混和谢安、谢石兄弟，吴郡陆氏子弟陆纳都参与其中，读经并就其中的语句进行问答讲解。

(三)文艺创作

魏晋时期，许多士族子弟的文学创作、艺术修养大多受父兄、家族家长所影响并且传习下来。如卫觊、卫瓘父子，曹魏时期，卫觊“受诏典着作，又为《魏官仪》，凡所撰述数十篇。好古文、鸟篆、隶草，无所不善。”(《三国志·魏书·卫觊传》)卫觊草体微瘦，笔迹精熟。卫觊传古文，卫瓘承父，也能写篆，并且“瓘学问深博，明习文艺，与尚书郎敦煌索靖俱善草书，时人号为‘一台二妙’。汉末张芝亦善草书，论者谓瓘得伯英筋，靖得伯英肉。”(《晋书·卫瓘传》)卫瓘采张芝法，融入其父卫觊的笔法而创草，经过卫瓘的发扬，卫氏形成了书法世传的家学，卫氏书法也影响了其后很多书法家，其中亦有书圣王羲之。琅琊王氏自王戎时起就已经善草书，《宣和书谱》记载，“敦初以工书得家传之学”，可知到王敦、王导时，书法已成为王氏家传，王羲之成为王氏书法最杰出代表者，很大程度上是以王氏累世的书法传统作为基础，“尤善隶书，为古今之冠，论者称其笔势，以为飘若浮云，矫若惊龙，深为从伯敦、导所器重。”(《晋书·王羲之传》)王羲之的楷书则是传于卫氏卫夫人，卫夫人善钟法，可以说王羲之的楷书是创新自钟繇的书法。王羲之最著名的行书潇洒自然，集各家之美，也体现出他习玄的随意任情的心态。王羲之诸子

---

① 《续晋阳秋》卷二·孝武帝//檀道鸾.《世说新语·言语》刘孝标注引.

皆善书，宋代黄伯思《东观余论》说“徽之得其韵，操之得其体，微之得其势，涣之得其貌，献之得其源”，王献之与其父并称二王，“工草隶，善丹青。七八岁时学书，羲之密从后掣其笔不得，叹曰：‘此儿后当 复有大名。’”此后王氏子弟亦多传习书法。作为王氏家学的重要部分，书法不仅作为一种文化资本在魏晋南北朝重视人物品评的世风中成为王氏子弟的社会文化话语权，也昭显了王氏子弟的艺术创作情趣。

四、家学影响下的魏晋士族子弟社会生活

魏晋时期士族子弟在家学培养下，不仅服膺儒术，亦好谈玄，大多爱好参与文学艺术创作，又由于家教重视门第，以高门名士自矜，追求审美、重视名声，因此士族子弟的社交活动也具有其独特的时代风格。

（一）士族雅集

魏晋时期士族子弟多好集会，除了家族内集之外，和其他士族子弟组成文人好友进行雅集也是士族子弟的重要社交活动，在重要的节庆活动如社日、修禊，就常常是士族雅集举行的契机。如“王朗每以识度推华歆。歆蜡日，尝集子侄燕饮，王亦学之。”(《世说新语·德行》)王朗对华歆的才识气度十分推崇，华歆在腊八节召族内子弟举行内集，王朗也学华歆此行，可以看出魏晋时期士族十分注重内集，并由内向外形成一种集会的习惯和风俗。

东晋时期士族子弟更好游弋山水，修建别墅，谢安“于土山营墅，楼馆林竹甚盛，每携中外子侄往来游集。”(《晋书·谢安传》)士族家长自然愿意通过士族子弟间的雅集来锻炼子弟在士族阶层中的往来艺术。“谢公与时贤共赏说，遏、胡儿并在坐。公问李弘度曰：‘卿家平阳，何如乐令？’于是李潸然流涕曰：‘赵王篡逆，乐令亲授玺绶。亡伯雅正，耻处乱朝，遂至仰药。恐难以相比！此自显于事实，非私亲之言。’谢公语胡儿曰：‘有识者果不异人意。’”(《世说新语·品藻》)同样是谢安召集时贤的赏说集会，谢玄、谢朗亦在座，谢安问李弘度：“你家的平阳与乐令相比如何？”李弘度流泪说道：“赵王谋逆时，乐令亲自奉授玺绶；而我家亡伯为人正直，耻于在逆朝为官，于是服毒。这两位恐怕难以相比！此事有事实微怔，并不是偏袒亲人。”谢安便对谢玄和谢朗说：“有识之人的看法果然和人们的想法想通。”永和年间著名的兰亭集会既是当时士族子弟文化、社会生活的写照，也是当时仕隐兼备的士族政治思想的表现。王羲之《兰亭集序》中写到：“群贤毕至，少长咸集。仰观宇宙之大，俯察品类之盛，所以游目骋怀，足以极视听之娱，信可乐也。夫人之相与，俯仰一世。或取诸怀抱，悟言一室之内；或因寄所托，放浪形骸之外。

……固知一死生为虚诞，齐彭殇为妄作。”其中可以看出，当时的兰亭雅集，士族子弟多以玄为一种放情自我的方法，流觞曲水，高谈阔论，借玄谈表达情志，通过雅集上的谈论诗作来寄托当时的士族子弟的士族情趣与意识。

又如上文曾提到的谢混“风格高峻，少所交纳，唯与族子灵运、瞻、曜、弘微并以文义赏会”，(《宋书·谢弘微传》)作为东晋末期谢氏的代表人物，谢混也爱好文学集会，并且只与族内子弟举行文义赏会，开创山水诗的新局面，“混曰风流，竟以文词获誉。”(《晋书·列传第四十九》)

(二)人物品评

余英时先生在《士与中国文化》文曾说道，人物评论与士族个体自觉互为因果，又因汉魏晋以来的宗族乡里选举、九品中正等选才制度，导致对于人物人伦、品性、文采等等的品鉴成为后汉魏晋南北朝时期盛行的一门学问，而清谈的风行又推进了魏晋士族“谈”与“评”的爱好，而魏晋时期的士族风尚既可以从人物品评论著中表现出来，也因人物品评的世风盛行，促使魏晋士族对于士人的审美更重视“形神风骨”。屠隆鸿《苞节录》中说道：“晋重门第，好容止。崔、卢、王、谢子弟生发未燥，已拜列侯，身未离襁褓，而衣被冠带。肤清神朗，玉色令颜，缙绅公言之朝端，吏部至以此臧否。士大夫手持粉白，口习清言，绰约嫣然，动相夸许，鄙勤朴而尚摆落，晋竟以此云扰。”而从《世说新语》的《识鉴》《品藻》《容止》几篇中对于士族子弟气度、文采、品行、容貌等方面的品评也可看出，魏晋时期人物品评的内容不仅限于德、才、命，如“嵇康身长七尺八寸，风姿特秀。见者叹曰：‘萧萧肃肃，爽朗清举。’”“潘岳妙有姿容，好神情。少时挟弹出洛阳道，妇人遇者，莫不连手共萦之。左太冲绝丑，亦复效岳游遨，于是群妪齐共乱唾之，委顿而返。”“骠骑王武子是卫玠之舅，俊爽有风姿，见玠辄叹曰：‘珠玉在侧，觉我形秽！’”(《世说新语·容止》)如“风姿”“姿容”“神情”等形容，既说明世风好容貌美丽的士人，也能看出所谓“形神风骨”还要求士族子弟必须要有风流优美的气韵，任情高远的志趣，而这些人物品评的维度也和当时的士族审美相辅相成。从家族中家长对于子弟的言行教养中可看出，魏晋时期士族家庭内部，家长也多与子弟从人物与其处世接物的德、才、形、气等方面进行品论，从而达到教育的效果。如“晋武帝每饷山涛恒少，谢太傅以问子弟，车骑答曰：‘当由欲者不多，而使与者忘少。’”(《世说新语·言语》)谢安以司马炎每次给山涛的赏赐都不多的事情提问子弟，谢玄回答说“大概是受取的人想要的不多，所以给予的人就忘了给的少了。”“王令诣谢公，值习凿齿已在坐，当与并榻。王徙倚不坐，公引之与对榻。去后，语胡儿曰：‘子敬实自清立，但人为尔多矜咳，殊足损其自然。”(《世说新语·忿狷》)王献之去拜访谢安，正好遇到习凿齿已经在座，按理王献之应该与习凿齿并排坐，结果他却不愿落座，谢安拉着王献之坐到习凿齿对面。等王献之和习凿齿走后，谢安对谢朗说：“子敬(王献之)的确清高脱俗，但他又有些过于自矜、固执，这会特别损害自己的本性。”习凿齿出身荆楚地方庶族，王献之以士族子弟身份自矜不愿与之并榻，谢安就以此向谢朗品论了一番王献之的品性和气度。谢安十分喜欢王献之，“谢车骑问谢公：‘真长性至峭，何足乃重?”答曰：“是不见耳！阿见子敬，尚使人不能已。’”(《世说新语·赏誉》)谢玄问谢安，刘惔(真长)秉性极严厉，为何收到如此的敬重，谢安说：“那是你没见到其人罢了，我见到子敬还觉得难以自禁呢。”谢安既表达了对王献之品性的看好，也告诉谢玄要亲自去识人。

品评的风尚也出现在了魏晋南北朝士族子弟的文学艺术作品中，如曹丕《典论》，尤其《论文》篇，曹丕在《论文》篇中对建安文人的文才进行了评论，还引出了评论文章的文气理论：“文以气为主，气之清浊有体，不可力强而致。譬诸音乐，曲度虽均，节奏同检；至于引气不齐，巧拙有素，虽在父兄，不能以遗子弟。”[①]曹丕对于文学价值以及文学评论的重视，已经能够体现出魏晋时期文学品评已经融入了文学创作的视角，即文章本非一体，各有所长，也由此提出了“文人相轻”的看法。而在此后两晋南北朝时也多出现对诗、文、书、画进行“品”的论著。

五、家学影响下的魏晋士族子弟家庭生活

魏晋时期极重孝道，而士族家学的精神根基又在于儒家礼教，因此在士族家庭生活中，士族子弟要以“孝”“友”作为行为规范，而家族家长对于子弟的教育或严格恭谨，或温和不懈，都能体现出家长对于子弟个人成才的期望和维护家族的要求。

(一)孝友并重

士族子弟对于家长十分重视“孝敬”之道。如琅琊王氏早期代表人物，王祥以孝著称，“卧冰求鲤”就是王祥的故事，“汉末遭乱，扶母携弟览避地庐江，隐居三十余年，不应州郡之命。”(《晋书·王祥传》)魏晋时期，由于侍奉长辈等原因拒不出仕的士族子弟不在少数，他们常在长辈逝去服丧过后才出仕，而朝廷对于以孝拒不出仕的士人的宽容理解态度也正是当时重孝道的表现。江东士族保守儒教，子弟亦重孝，陆绩怀橘是另一个著名的故事，“绩年

① 曹丕．昭明文选·卷五十二·论二·典论论文．

六岁，于九江见袁术。术出橘，绩怀三枚，去，拜辞堕地，术谓曰：'陆郎作宾客而怀橘乎?'绩跪答曰：'欲归遗母。'"(《三国志·吴书·陆绩传》)

士族子弟同辈兄弟之间重视"兄友弟恭"，兄长对待弟弟要友爱宽和，弟弟应视兄长如父要恭谨尊敬。王祥弟王览以"教友恭恪"著名，王览母亲对王祥十分憎恶，曾在食物中下毒，王览怀疑母亲下毒便抢来要吃，王览母亲才作罢。前文所提及高光，对待兄长十分尊敬，"兄诞与光异操，谓光小节，常轻侮之，而光事诞愈谨。"[①]高光兄长诞常欺侮，但高光对待兄长却愈加恭谨，不敢有违礼制。谢安喜好音乐，然而在谢安弟弟谢万去世之后，谢安因悲痛，"十年不听音乐。"(《晋书·谢安传》)王徽之和弟弟王献之的感情非常好，兄弟二人常常一起对酒啸咏，兄弟二人皆病重时"有术人云：'人命应终，而有生人乐代者，则死者可生。'徽之谓曰：'吾才位不如弟，请以余年代之。'……未几，献之卒，徽之奔丧不哭，直上灵床坐，取献之琴弹之，久而不调，叹曰：'呜呼子敬，人琴俱亡!'因顿绝。"(《晋书·王羲之传附子王徽之传》)弟弟病重，作为哥哥的认为自己才能不及弟弟，想要代替弟弟受命，献之去世后，王徽之悲恸至绝，哀而无泪，弹琴不成曲调，不久也病重去世。

(二)宽严相济

魏晋士族家长在对子弟进行教育的时候，经常表现出宽严相济的教育方法和风格。有的家长教育子弟十分严格，谨小慎微，防微杜渐；有的家长教育子弟比较温柔平和，使用一些旁敲侧击的方法。如孙吴时，孙权嫁从女，请顾雍及其子、其孙顾谭参加宴会，顾谭在宴中喝醉起舞，顾雍认为顾谭行为不当，不够端庄恭谨，于是在第二天训斥顾谭："君王以含垢为德，臣下以恭谨为节。昔萧何、吴汉并有大功，何每见高帝，似不能言；汉奉光武，亦信恪勤。汝之于国，宁有汗马之劳，可书之事邪?但阶门户之资，遂见宠任耳，何有舞不复知止?虽为酒后，亦由恃恩忘敬，谦虚不足。损吾家者必尔也。"[②]顾雍举萧何、吴汉的例子说明二人虽有建功，但在帝王面前依旧勤谨恭敬，顾雍自己也正是以此为名，而顾谭因家门见宠而在孙权面前不够守礼自矜，顾雍十分生气，甚至说出了"损吾家者必尔也"的重话。

在魏晋士族家庭教育中，母亲也常扮演着监督孩子学习的角色。如钟会为自己母亲作传，曾写道："夫人性矜严，明于教训。会虽童稚，勤见规诲。年四岁授《孝经》，七岁诵《论语》，八岁诵《诗》，十岁诵《尚书》，十一诵《易》，十二诵《春秋左氏传》《国语》，十三诵《周礼》《礼记》，十四诵成侯《易记》，十

① 裴松之注引.《三国志·魏书·高柔传》傅畅《晋诸公赞·世祖武帝》.

② 《三国志·吴书·顾雍传》注引虞溥《江表传》.

五使入太学，问四方奇文异训。谓会曰：‘学猥则倦，倦则意怠。吾惧汝之意怠，故以渐训汝。’”①钟会母亲性格严谨，十分重视教育，虽然钟会年幼，但是在母亲的教导下，学习十分勤恳。张夫人在钟会四岁的时候就教授他习《孝经》，她认为对学习产生恐惧感就会倦怠，不愿意学习，她为了防止钟会失去学习的兴趣，便按照规矩要求钟会学习，直到钟会养成独立学习的好习惯。而钟会父亲钟繇在家庭生活中对待孩子行为上的错误比较宽和，“钟毓兄弟小时，值父昼寝，因共偷服药酒。其父时觉，且托寐以观之。毓拜而后饮，会饮而不拜。既而问毓何以拜，毓曰：‘酒以成礼，不敢不拜。’又问会何以不拜，会曰：‘偷本非礼，所以不拜。’”(《世说新语·言语》)钟毓、钟会兄弟俩趁父亲休息的时候偷喝药酒，钟繇发觉了之后假装睡觉，看两个儿子究竟是如何做的，钟毓先拜后饮，钟会饮而不拜，钟繇并没有斥责两兄弟偷喝药酒的行为，而是以此事询问，还展开了一段有意思的对话，哥哥钟毓认为酒是进行礼仪活动所用的，即使偷喝也不敢不拜，而钟会说偷喝药酒本来就有违礼仪，所以他便不拜了。

东晋时期，谢安处家常以仪范训子弟，还跟夫人说：“我常自教儿。”(《世说新语·德行》)在前文中我们也可知谢太傅十分重视对于家族子弟的教育，也对子侄的品性塑造抱有重望，“谢太傅问诸子侄：‘子弟亦何预人事，而正欲使其佳?’诸人莫有言者，车骑答曰：‘譬如芝兰玉树，欲使其生于阶庭耳。’”(《世说新语·言语》)作为家长，谢安也希望子侄能够理解这种期望，谢玄的回答深得谢安心意，而谢安教养子弟也一直非常温和，以“德教”著称。“谢虎子尝上屋熏鼠。胡儿既无由知父为此事，闻人道‘痴人有作此者’。戏笑之。时道此非复一过。太傅既了己之不知，因其言次，语胡儿曰：‘世人以此谤中郎，亦言我共作此。’胡儿懊热，一月日闭斋不出。”(《世说新语·纰漏》)谢安假托这件事情自己也曾做过来引导谢朗开悟，让他明白自己作为士族子弟的言行需要格外注意，而不是直接指责。“玄少好佩紫罗香囊，安患之，而不欲伤其意，因戏赌取，即焚之，于此遂止。”(《晋书·谢安传附从子谢玄传》)谢安担心谢玄爱好紫罗香囊的习惯，但又不想让他伤心，不想直接禁止他的喜好，于是用戏赌得到了香囊并烧掉，由此委婉地改掉了谢玄这个喜好。

结语

魏晋时期士族家学作为士族子弟学术修养和文艺素养的主要塑造方式，透过士族子弟的生活在魏晋时期以及对后世都起到了极大的作用。

① 严可均. 全三国文·钟会·母夫人张氏传.

作为士族子弟的精神根基和审美志趣，家学将儒学经术礼法、玄学思想、律学、书法等等文化通过累世家传保存下来并且激发出了士族子弟治学与创作的激情，士族子弟将家学与家风内化为自己的文化资本，在门阀社会中依此寄托自己的士人意识、家族意识，也因此有了更高的审美情趣。

作为士族子弟政治活动的指导思想来源，家学将士族治世思想、方法保存下来，通过家族家长对于士族子弟的言传身教，使儒家好仁政、重人伦的思想在魏晋时期的政治活动中得以发展，并且让不断更迭的政权在建立权威时有典可依，有礼可循，不至礼乐崩坏，社会不安，努力缓冲了中央政权与士族阶层可能有的利益矛盾，缓和了各地域士族间的利益冲突。

作为士族子弟最主要的受教育活动，家学的形式和风格丰富多样，使士族文化资本不断积累并有所创新，并且逐渐形成家教形式的范本，使家庭教育内容系统化，大量家诫的出现也成为其影响后世家庭教育的重要方面。

在士族子弟的社会活动中，家学表现在士族子弟的文艺创作上，由于家学对于士族子弟文化素养和士人意识的塑造，士族子弟在社会生活中处处带有魏晋士族阶层重视门第名望、文采气度的特点，在当时的社会环境下，形成了“魏晋风流”。

家学形成了士族子弟在家族内部生活的礼仪规范，使“孝”“恭”“友”“悌”等观念在家风的共同塑造下深入士族子弟内心，魏晋士族子弟不再是一个士人，而是代表一族，士族子弟在才学、政治、名望上的成功也是这一门的成功，士族家庭内部严守礼法的表现，也是在努力维护整个社会的人伦风化。

我们要注意的是，在讨论家学影响下的魏晋士族子弟生活时，不能将各方面完全割裂看待，家学对于士族子弟精神根基和审美情趣的塑造随着士族子弟将其内化而表现在其生活的各方面。家庭教育其实是家庭文化资本传播的途径。

魏晋士族家学对于士族子弟的影响对于当今家庭教育也具有借鉴意义，通过思考魏晋士族家学的进步之处，我们得到一些启示。

其一，重视树立家庭规范。

魏晋时期士族家长注重立家诫家训，其目的不仅在于让士族子弟树立一种规范意识，也是为了形成一种家族向心力以维护家族名望。在这种规范训诫下，士族子弟的为人行事格外注重礼仪，家族活动中自然形成一种有序的氛围。在当今的家庭教育中，也应该注重树立孩子的规范意识，重视基本的道德品质和礼貌是非，当形成一种规范意识之后，孩子也会形成一种自律自诫的习惯。这种规范意识的形成，不仅有助于孩子自身在社会生活中形成良好的礼貌习惯，也因为在与他人交往中作为家庭角色的承担者而更愿意给他人树立良好形象，从而树立一种家庭声望、形象的维护意识。

其二，重视塑造家庭文化。

魏晋时期的士族家学通过士族子弟的内化和累世相传表现出一种文化资本的传承，家学门风影响到士族子弟与士族阶层的方方面面。而在当今的家庭教育中，家庭的文化资本更多地成为了学校教育的基础和辅助，对于孩子的人格、兴趣、为人处世的观念都具有一种基础性的影响和塑造，在家庭内形成一种适宜孩子发展的家庭文化氛围十分重要。

参考文献：

一、著作类

[1]唐长孺．魏晋南北朝史论拾遗[M]．北京：中华书局，1983.

[2]程舜英，编著．魏晋南北朝教育制度史资料[M]．北京：北京师范大学出版社，1988.

[3]萧华荣．华丽家族：两晋南朝陈郡谢氏传奇[M]．北京：生活·读书·新知三联书店，1994.

[4]萧华荣．簪缨世家：两晋南朝琅琊王氏传奇[M]．北京：生活·读书·新知三联书店，1995.

[5]方北辰．魏晋南朝江东世家大族述论[M]．北京：文津出版社，1999.

[6]宋大川，王建军．中国教育制度通史：第2卷魏晋南北朝隋唐[M]．济南：山东教育出版社，2000.

[7]吴正岚．六朝江东士族的家学门风[M]．南京：南京大学出版社，2003.

[8]余英时．士与中国文化[M]．上海：上海人民出版社，2003.

[9]张新科．晋书解读[M]．北京：华龄出版社，2006.

[10]蒙思明．魏晋南北朝的社会[M]．上海：上海世纪出版社，2007.

[11]万绳楠，整理．陈寅恪魏晋南北朝史讲演录[M]．贵阳：贵州人民出版社，2007.

二、学位论文类

[1]李卿．秦汉魏晋南北朝时期家族、宗族关系研究[D]．厦门：厦门大学，2002.

[2]何丽丽．魏晋南北朝时期书法家学教育研究[D]．长春：吉林大学，2013.

[3]丁昕．魏晋南北朝时期家族教育发展的研究[D]．南昌：江西师范大学，2013.

[4]柳称．魏晋南北朝时期家庭教育研究[D]．天津：南开大学，2014.

三、期刊论文类

[1]李必友．魏晋南北朝家族教育的特点[J]．安徽师范大学学报(人文社会科学版)，1999(2).

[2]王永平．论六朝时期陈郡谢氏的家风与家学[J]．江苏社会科学，2001(5).

[3]王永平．论中古时期世族家风、家学之特质：以江东世族为中心的历史考察[J]．河南科技大学学报(社会科学版)，2003(3).

[4]宁稼雨．《世说新语》与古代文学的精神史研究[J]．中南民族大学学报(人文社会科学

版)，2005(3).

[5]宁稼雨.《世说新语》中士族的经济生活与精神归宿[J]. 上海财经大学学报，2007(2).

[6]宁稼雨. 从《世说新语》看魏晋士人思维方式和处世态度的嬗变[J]. 盐城师范学院学报(人文社会科学版)，2007(2).

[7]姚红艳. 浅谈中国古代家庭教育——家学[J]. 中国成人教育，2007(11).

[8]常昭. 魏晋南北朝家族文化与文学研究现状与思考[J]. 济南大学学报社会科学版，2009(4).

无锡钱氏家庭教育研究

——以钱锺书父子为主

陈　雨

摘　要：无锡钱氏家族在近代以来涌现了许多精英人物，钱基博、钱锺书父子堪称其代表。钱氏家庭教育在内容上重修德性，重视文史教育，注重学习能力培养。在方法上注重言传身教严格要求等等。正是因为制定了明确的目标，正确的内容以及科学的教育原则和方法，钱氏家庭教育才取得了卓越效果。钱氏家庭教育对当代家庭教育具有较好的启示，其价值和经验值得发掘和借鉴。

关键词：家庭教育；无锡钱氏；钱锺书父子

一、无锡钱氏一族的历史源流与教育变迁

（一）无锡钱氏一族的历史源流

人们常说："三代穿衣，五代吃饭，十辈子才能挂画"，一个家族，要成为一个文化世家，需要长期的积累。无锡钱氏，正是这样一个文化世家。如钱基博所说："自以始得姓于三皇，初盛于汉，衰予唐，中兴于唐宋之际，下暨齐民于元明。儒于清，继继绳绳，卜年三千，虽家之华落不一，绩之隐曜无常，而休明著作，百祖无殊，典籍大备，灿然可征也。"① 据记载，无锡钱氏，至五代钱镠起便有了一个比较确定的谱系。② 无锡钱氏之堠山、湖头两支是由忠献王钱弘佐、忠懿王钱俶所分出。而后的谱系关系，据《堠山钱氏丹桂堂家谱》与《无锡时期的钱基博与钱锺书》等书叙述可知，钱俶共有九子，第八子为钱惟演。《归田录》云："钱思公虽生长富贵，而少所嗜好。"③ 钱惟演有子十一人，第六子为钱暄，追封为冀国公。钱暄有子十一人，第九子为钱景臻，

---

① 傅宏星，主编．钱基博集：无锡光复志・自叙篇第六[M]．武汉：华中师范大学出版社，2013：10.

② 刘桂秋．无锡时期的钱基博与钱锺书[M]．上海：上海社会科学院出版社，2004：4.

③ 刘桂秋．无锡时期的钱基博与钱锺书[M]．上海：上海社会科学院出版社，2004：7.

尚庆寿公主，追赠太师、会稽郡王。钱景臻有子四人，其三子为钱愐，赠太师、咸宁郡王，撰《钱氏私志》。钱愐有三子，第二子为钱端瑀，钱端瑀生钱筠，钱筠有三子，二子为钱显祖。钱显祖二子，第二子为钱迪。钱迪于宋理宗宝庆元年从吴兴迁徙于无锡定居，是无锡堠山钱氏的开族世祖，钱迪以字称曰尚父公。[1] 钱迪有三子，长子为钱致隰，有二子，长子钱伯一，钱伯一二子，第二子为钱缶。钱缶沉潜经学，深于易，学者称其为易象先生。钱缶迁于无锡城西，是无锡堠山钱氏城西支的开支之祖。钱缶八子，幼子为钱均辅。钱均辅有一子为钱祐，钱祐四子，幼子为钱益，入明不仕，归隐。有子钱继，钱继四子，次子为钱浦。钱浦二子，长子钱琰。钱琰有一子为钱宪，生而聪颖，明武宗进士，少年才高，以咏吟自适，著有《钱氏传芳集》。钱宪有一子，为钱至生，至生有三子，幼子钱如玉。如玉五子，次子为钱法曾，读书养性，不问外事。有《求是斋文稿》。有三子，幼子为钱林，钱林四子，四子为钱照。承家儒素，闭门著述，有《希天阁文稿》三百余篇。钱照二子，长子钱奎，字魁文，家学濡染，有《北国吟稿》《规世格言文稿》。《文稿》志在明道。也就是钱基博所说的"祖孙父子，代有著述，而一方之文献系焉"[2]钱奎四子，第四子为钱士镜，少颖悟，能读父书。父殁家落，持筹握算，不废诗书。钱士镜二子，长子钱若浩，少精八法。晚年辟园峙山，再画艺竹，课弄子孙以自适娱，颜其室为"似山居"。若浩有二子，次子为钱维桢。钱维桢四子钱福炯，是钱基博的父亲，钱锺书的爷爷。简单来说，钱氏谱系即为：忠懿王钱俶—钱惟演—钱暄—钱景臻—钱愐—钱端瑀—钱筠—钱显祖—钱迪—钱致隰—钱伯一—钱缶—钱均辅—钱祐—钱益—钱继—钱浦—钱琰—钱宪—钱至生—钱如玉—钱法曾—钱林—钱照—钱奎—钱士镜—钱若浩—钱维桢—钱福炯—钱基博—钱锺书—钱媛。

《吴江叶氏诗录序》云："一世其官，二世其科，三世其学。"文化家族的核心便是仕宦、科举、学术。据统计吴越国之后，历经北宋、南宋、元、明、清、民国至新中国，家族不断繁衍，由钱镠时的兄弟数人发展增殖到四十余万口，而且人才辈出，代有精英：五代吴越纵跨七朝，五人封王；北宋先后获六个王爵封号，又有郡王、国公四位；至南宋仍有一人封郡王，七人封国公；两宋担任宰相、枢密、翰林学士、节度使高官数十人，刺史以下者不下千人。科举及第者为数众多，据钱武肃王第十三世孙钱国衡统计，钱氏在宋

[1] 刘桂秋. 无锡时期的钱基博与钱锺书[M]. 上海：上海社会科学院出版社，2004：8.

[2] 钱基博，纂录. 堠山钱氏丹桂堂家谱·谱系第一[M]. 无锡：1948.

代共入选进士 320 人。[①] 入仕，成为文人的主要途径，而在传统中国，“官”“科”“学”实际上是三位一体，由“学”而“科”而“官”，所谓“学而优则仕”，因此，文化世家、科举世家、官宦世家往往也是三位一体，没有哪个官宦世家不是得自科名，而科名之取得，必然攸关于学术文化。在世家的背景或环境中，所谓“学”自然也就带有“家学”之色彩；[②] 而所谓“家学”，自然也只有依托于世家方才可能实现，也就是陈寅恪所说“学术文化与大族盛门常不可分离也”。[③] 而在钱氏一族，虽福字一辈到基字一辈取消科举，钱家子孙也践行着“学而优则仕”一路，但其自身“清廉自守、一心向学”的家风也更为明显地存在于丹桂堂一支的钱氏一族中。前文所述先祖评价来看，也多是隐逸不仕、志在明道的“纯文人”。而这也很大地影响了钱氏子孙。

由于本文主要考察钱锺书父子，而对二人有直接影响或影响较大的可以从其祖父钱维桢开始。钱家注重文化教育的传承，且钱家几代都为塾师，钱家子孙多由本家亲人教育，所以必须对钱维桢以后的钱家子孙情况做一定介绍。

钱家虽可说是名门望族，但到钱维桢一代，可说已入寒门，据《堠山钱氏丹桂堂家谱》“行述第三”之《先大父述略》及“文征第四”之《钱榕初先生家传》等记载，即便并不富裕，但钱维桢还是兴办义塾，热心公益，且文化水平不低，其书法在赵、董之间，又著有《含晖阁诗存》《似山居诗文存》等。钱维桢五子，长子钱福炜及熙元都以制举文而有名，四子为福炯，钱基博父亲，钱锺书爷爷，屡试不第，附贡生。三子五子按照钱福炯说法“叔兄星乙早世不录，未获底于大成”(钱福炯《丹桂堂总集序》，《堠山钱氏丹桂堂家谱·文征第四》)。而到了钱基博这一代，由于子女多早殇，所以到后只有钱基成、钱基博及钱基厚三人。三人皆从叔父所学，基成无子，锺书过继给他，钱基博及钱基厚则子女较多。

(二)钱氏教育的三代变迁

人物	教育经历
第一批：受教育阶段主要处于清朝嘉靖等	
钱福炜	“幼年入塾，便颖悟异于常儿”
钱熙元	“随父亲参加文士雅会”
钱福炯	“家中让他(福炯)跟从二兄熙元读书。”

① 李最欣，主编. 吴越钱氏家族文化研究[M]. 济南：齐鲁书社，2010：19.

② 李最欣，主编. 吴越钱氏家族文化研究[M]. 济南：齐鲁书社，2010：11.

③ 陈寅恪. 金明馆丛稿初编[M]. 上海：上海古籍出版社，1980：131.

续表

人物	教育经历
第二批：主要受教育阶段处于清末同治光绪等	
钱基成	（基博基厚为例）5岁由母亲开蒙，兄长授书。10岁从同族心葵先生，11岁毕《四书》《春秋》等古典文本。13始从二伯父钱熙元问业，仍学史论。14邑中周慕藩先生，家居授徒，基博基厚前往。15同邑秀才胡捷三先生学作制艺，16兄弟一起从无锡名儒许彝庭（国风）先生问业，兼及诸子百家。17复从伯父问业，应考。18参与商会演讲
钱基博	
钱基厚	
第三批：生于民初，受教育于民国及后期战争时期	
钱锺书	5岁从伯父念书、秦氏小学、私塾附学、东林小学、辅仁中学、桃邬中学、清华大学、牛津大学
钱锺纬	申新三厂职员养成所毕业，南通纺织学院肄业，赴英国曼彻斯特脱（今译曼彻斯特）波尔敦工业学院
钱锺英	私立光华大学外语系，由中国银行派往缅甸分行任职
钱锺韩	5岁从伯父念书、秦氏小学、私塾附学、东林小学、辅仁中学、桃邬中学、上海交通大学、伦敦大学帝国理工学院研究生院
钱锺汉	无锡县立初中，江苏省立第三师范学校，上海光华大学
钱锺毅	梅园豁然洞读书处，私立无锡中学校，上海交通大学，美国爱华州大学博士（公费）
钱锺仪	无锡辅仁中学，同济大学机械系，德文补习班
钱锺鲁	梅园豁然洞读书处，无锡中学并转入上海私立肇和中学，上海交通大学机械系
钱锺彭	上海肇和中学、沪新中学，上海交通大学机械工程系，1955年被派往苏联学习
钱锺泰	无锡辅仁中学，高中毕业后参军，进入杭州笕桥军事干部学校，在航空第四预科中队。南京工学院电机系，后去苏联学习
钱锺元	民国三年生，民国二十年成为无锡国专第一批女学生
钱锺华	上海肇和中学附设小学，复旦大学理科毕业，留校任教

由上表可以看出，钱氏三代受教育经历有很明显的阶段化特点，随着时代变迁，受教育方式、学习内容以及学习重点都有很明显的变化。最明显的无疑是学校教育逐渐占据主要部分，锺字辈受教育经历同现代学生差不多。其家庭教育部分在锺字辈一代人中虽然没有基字辈和福字辈那样占据主导地位，但在许多方面都有随时代变化而不变的地方。而家庭教育在三代人中表

现形式也有所不同，福字辈是最为传统的教学方式，以家学传承及私塾为主。所以家教明显而直接。基字辈从基博、基厚的受教育经历也可以看出，大体完全以传统方式受教育，“而父祖耆公以家世儒者，约敕子弟，只以朴学敦行为家范，不许接宾客，通声气。又以科举废而学校兴，百度草创，未有纲纪，徒长嚣薄，无裨学问，而诫基博杜门读书，毋许入学校，毋得以文字标高揭己，沽声名也”[①]。但其间也蕴含了许多现代因素，如在父母默许下，开理学研究会，以其学习能力，自行研究现代数学及其他理科知识。开放而重视学问，支持孩子学习等，也属于家风一种。而到了锺字辈，教育经历更多以学校教育为主，这个时候的家庭教育，就需要更深入地分析了。

可以看出，从五代到近代，钱氏家族的历代祖先总是保持一些共同点，这些共同点有性格方面的，也有行为上的，而这些和钱氏“家学风范”有很大的关系，其“家学风范”并没有随着时代的变化，随着家庭教育在总体教育中比重的变化而变化，特别是锺字辈，在更迭起伏的近代，许多子弟都转向对理科的学习和专研，并取得了不小的成就，各有所得。这样的情形，在一个世代重视文史教育的传统家庭，是如何做到的？所以，除了必须对钱氏众人的教育经历做描述和总结之外，还必须结合其时代背景和家庭教育做深刻的分析。

二、钱氏家庭教育的内容

中国文化中，宗族文化是重要组成部分，中国在小农经济上建立起的乡土社会，背后便是以血缘关系为基础的宗族制度。出身于以血缘关系为基础，土地关系为纽带的地缘关系中，家族的价值观将影响一个人的一生。《吴江叶氏诗录序》云：“一世其官，二世其科，三世其学。”[②]仕官、科举、学术，这就是文化世家的核心要素。在中国，“官”“学”“科”都是一体的，学而优则仕属于共识。所以中国古代的家庭教育在目的上，向来都是修齐治平的理想人格，目的是为入仕，所以要修身养性，学会如何处世为人，成为为国尽忠、为家尽责的人才。所以中国古代家教内容在儒家独尊的氛围中，科举取士的制度要求下多以儒家经典为主，以四书五经等书为基本内容。而就钱氏家庭教育而言，从受教育经历来看，福字辈及基字辈虽然蕴含现代因素，但其内容及方式都带着浓重的中国古代教育特色。就内容来说，也受中国传统教育影响很大。总体而言，钱氏家教内容主要包含以下三个方面：

---

① 傅宏星．钱基博年谱[M]．武汉：华中师范大学出版社，2007：257．

② 李最欣，主编．吴越钱氏家族文化研究[M]．济南：齐鲁书社，2010：11．

(一)道德教育

黄仲则一首《杂感》，只怕影响最大的该是“百无一用是书生”一句吧，后人常用此调侃读书人无用，且不论黄仲则此言同陆游“此身合是诗人未”情韵是否相同，但在钱氏家族中，隐居著述，入世则能，是一个既有软实力又有硬功夫的家族。入世则能，一方面是钱氏多“能者”，钱福炜、钱基博、钱基厚到第三代钱锺韩等，都强调入世，对社会、国家、家庭都很有担当，而这些品质，均对子孙后代有很大的影响。

例如祖耆公积极布置平粜赈灾事宜，机智平息抢米风潮。[①] 在唐文治《钱祖耆先生墓志铭》中记载了这么一件事：“一日薄暮，有奸民图掠谷，聚众百余人，汹汹入。诸员绅仓皇避。先生当门坐，察其意气咆然、指挥跳荡者，则闯然一秃者也。先生徐语之曰：‘若明事理，好劝众归’；秃者意沮，率众归。先生遂告邑令捕秃者，事遂定。客问先生：‘曩者，君何恃而不去?’先生笑曰：‘若辈亦人类，迫而为此，其心宁无所怯？若吾去，粜局毁矣，非所以全吾乡民也’。”其风采可见矣。这种影响，在《先母孙宜人述》中通过钱基成之口得以言说：“吾父为人沉厚有大略，望之宽仁长者也，然遇不平事，慷慨激昂，虽强无所避。”又如同治年间绢布事件，在遇到这种与百姓利害相关的事件的时候，钱家人未有退缩，钱福炜挺身而出。到光绪年间日俄战争，也同样立募如数，热心操办。做了许多葺宗祠、扩义塾以及造桥修路、掩骼埋胔之举。这些都记载在《堠山钱氏丹桂堂家谱》中，作为家族遗产永远流传。为民而不畏自身的担当，沿袭到子孙，便是出仕为民的情怀，在材料中多出现的是钱孙庵、钱基博及钱锺韩、钱锺仪等人为国为民的事迹。如据记载，战时无锡钱孙卿在商会时，对推脱责任的县长说：“待罪地方，无所逃避，事情仍请官办，责任归我来负，好吗?”[②]没有要处长的虚名却担起了责任。钱基博以文史见长，在看破官场之前，也为革命做出了许多努力，起草许多重要公文和碑记。若非为民便自挂隐去，如孙庵在《孙庵年谱》中称“余兄弟初亦参佐，后闻定薪给，乃引去。以革命宜为人民，非可自计衣食也”。钱基博则在《自我检讨书》中说道未必就愿向袁世凯服输，除非混饭吃。我想饭吃，我不愿混了吃，就写信回绝了。

代代相传，未敢忘先德。这种来自父辈以身教之的影响，在钱基博等后人的著述中，也将这种教育以对先人的怀念的形式加以记录，如在《先母孙宜人述》中写道：“吾父为人沉厚有大略，望之宽仁长者也，然遇不平事，慷慨

① 傅宏星．钱基博年谱[M]．武汉：华中师范大学出版社，2007：11.

② 孔庆茂．丹桂堂前：钱锺书家族文化史[M]．武汉：长江文艺出版社，2000：85.

激昂，虽强无所避。”而其子则钱基厚曾叹古有诤臣，今竟无诤民……不能为民代言，私心痛之。不是辜负民意愧对祖宗吗？……所以下定决心。‘不做军阀走狗，不跟政客尾巴’。必要时会写骂人的文章，作惊人的狮子吼。”①父子二人心性行为如出一辙，未尝不可说钱父对孙庵的思想、性格和选择有很大的影响。钱福烱如此对儿，钱基博对钱锺书也是如此谆谆教诲。在已经刊载的钱基博对钱锺书的三封信中，作于 1932 年 11 月 17 日那封中，钱基博说：“父母之于子女，责任有尽，意思无穷；……现在外闻物论，谓汝文章胜我，学问过我，我固心喜！然不如人称汝笃实过我，力行过我，我尤心慰！清识难尚，何如至德可师！淡泊明志，凝静致远，我望汝为诸葛公、陶渊明；不喜汝为胡适之，徐志摩……。”②这种以亲身为教育范本并时刻嘱咐的教育方式对钱家有甚远的影响。

钱氏家族可以说每一个人都具有很强烈的国民意识。为官为学为民都有着强烈的责任意识。同“入世则能”的担当的不同在于，为民更加强调在任何岗位，做任何事都要以国民标准来要求自己。担当是要做好，责任时刻是心理防线。

为民则为国民，为国担负责任，为国家建设作贡献。钱氏家族的众多子孙，多在自己的领域做出一定的成绩。正是这种责任意识，对钱家子孙来说，未有一个做汉奸，也未有一个好吃懒做的。皆是尽心钻研，不废诗书。而为师，主要在于钱氏几代都多以教书为业。钱维桢为著名的私塾师，儿子钱熙元也是当地的塾师，还教授了弟弟和子侄。而钱基博，则为国学大师和教授，他的儿子钱锺书、钱锺韩等人，以及侄女，女婿等许多都任教。所以，作为教师，多是以身为示范，世人在对钱氏的描述中，便多了些为师为学的描述，先后几代的为师经历，无形中对后辈的影响很大。为民为师的责任，亦是为人的责任。

首先为民，先前说过，中国文化中儒家“以天下为己任”的思想影响很大，且由来已久的科举制度要求知识分子关注国政。就钱氏而言，即便世代清明淡薄，但依然坚固持有修齐治平的理想和责任感，钱氏特别注重政治以及爱国爱民的思想。

以身示范为一个方面，例如钱基厚抗战后只身一人回无锡主持大局，并说道：“鄙人年力就衰，实难再胜繁剧，此次孑身来锡，眷属仍留沪寓，如能

① 孔庆茂．丹桂堂前：钱锺书家族文化史[M]．武汉：长江文艺出版社，2000：117.

② 爱默．钱锺书传稿[M]．天津：百花文艺出版社，1992：40.

勉事负荷，自当惟力是视。设感力有不胜，惟有引避贤路，幸共谅之。”[①]一时听者，皆为动容。此后众议院和江苏省议会在镇江举行选举，他主动放弃参加竞选，促进两党间的协调，他办事极有耐心，条理性极强，使矛盾最后一一化解。[②]

钱基博学生郭晋稀说：“老师虽身居斗室，读书教学之外，十分关心国家前途、民族安危，在我的记忆中，先生许多撰述，都是力图唤醒国人救亡图存。撰述当中有一篇文章，也是论持久战的。送给我的那部《孙子章句训义》，便是借古寓今，谈论抗战。当然，这些只是书生谈兵，无补于实际，也不可能引起社会的注意。但是古往今来的学者，何尝不是以其仁人志士之心，敝精神于无用之地，留浩气于人间，以激发子孙后代。”钱基博许多时候都保持着那股爱国热情和对祖国衰弱的努力和悲愤。据记载，一次议事中，先生(基博)在议席。谓：“清华经费，来自庚款。此实中国国耻史上重可纪念之事。夫不重念此款来自国耻。而以多沾馀沥为幸。宁只清华校史之不幸。抑亦国性堕落。万劫不复之征兆。”合座愕然。后致其弟孙卿先生函有云：“现在此辈留学生，只知贪金钱，侈享用。而当国家多难之日，绝无戒儆惕厉之心。坐汽车，住洋房。黄金美人，胡天胡帝。宁足以成大事。戡大难，倒不如周刚直一辈人，有古侠烈之风也。”钱基博虽从文史，亦为国家复兴、人民奋进做着自己的努力，钱基博受到新文化运动影响后，有自己办报纸以研究社会，指导社会，福利社会的想法。五四运动后，学生运动不断，在《致费范九书》(1919)中，他说：“礼，大功辍业；辍业，就是读书者不读书，办事者停办事；大功，是从伯叔，从兄弟死了，服九个月的丧。现在我们同胞被外国人杀死许多，至少比得从兄弟，从伯叔的丧；我们罢课表示哀悼，也是理所当然!”此外，钱基博发表了《抵制评议示学生》《国民外交常识》《致省议会及地方法团书》《致省教育会书》等主要希望学生能努力学习，不废学术，以待报国。《无锡时期的钱基博与钱锺书》一书记载，因圣约翰大学压制师生爱国行为，钱基博同其他十九位老师和学生一起离开，为学生不失学，又积极支持光华建校。当他有感于历史应当保持本真的时候，看着混淆的是非，秉笔直书，作《无锡光复志》，为领导无锡光复的秦毓鎏等人鸣不平。尽了一个作为学者的国民的责任，也尽了一个教师的责任。他对学生抓住机会便启发，时刻以言传身教去引导学生们。对学生如此，对子侄亦如此。实则，做好自己，便是对子侄最好的教育和引导。

① 孔庆茂．丹桂堂前：钱锺书家族文化史[M]．武汉：长江文艺出版社，2000：117.

② 孔庆茂．丹桂堂前：钱锺书家族文化史[M]．武汉：长江文艺出版社，2000：17.

钱氏家族在为国方面，还有无畏的情怀。这种为国牺牲与奋斗的大无畏精神，虽然在福字一辈表现得不明显，但对其子孙的爱国主义教育，到了民国及抗战时期，这种爱国教育便转化出更为伟大的无畏的精神。这也可以看出钱氏家庭中的核心要素如爱国也会随着时代变化而转化形式。但归根结底都是钱氏爱国为国的体现。钱基厚蓄髯明志，闭门谢客绝不出任伪职，有人劝其逃往香港或重庆，他不忍独自过自己的生活，在屡屡败退之际，还对政府抛弃百姓西迁屡屡斥责："政府相弃如遗，视之如异国矣。"[①]二次革命后，在大兴党狱风声鹤唳之时，钱基厚毫不畏惧将联名书递呈县衙，一场党狱始熄。其子钟仪，共产党员，在 1942 年被捕，也是坚贞不屈最后被国民党枪杀。在 1937 年秋，钱锺韩回国前夕，中日战争即将爆发，有人劝他不如留在国外看看风势再说。钱锺韩回答说："我们过去参加爱国学生运动，要求政府抗日。现在政府既然俯顺民意，下了决心，我们岂可置身事外，坐观成败！只有及早回国，共赴国难，才能无愧于心。"[②]他在回国的海轮上，听到了"七七"事变的消息。

遇事则勇于担当，为国民则负责到底，为国则勇敢牺牲。钱氏家庭教育中的爱国主义教育在一代一代的言传身教中为国培养了一批又一批的人才。

钱氏家庭教育中重视德性的另一个方面便是如何为人了。如钱基博与钱锺书二人之间的家书只公开了三封，但每一封都在强调做事为人，淡泊明志，谦虚谨慎，"立身务正大，待人务忠恕"。自古家教的目的就是培养修齐治平的理想人格，首要目标即教导子弟修身养性进而学会做人。历代古训中如《颜氏家训》《袁氏世范》、司马光《家范》等都是规劝子弟如何休养自身、处世为人进而能为国尽忠的。而在钱氏家庭教育中，在处世为人方面，主要有以下四个关键部分：

同许多读书人一样，钱氏强调知识分子的清明，淡泊名利。钱氏相传千年，多是埋头著述以明道的学者，而不汲汲于富贵。

<table>
<tr><th>人物</th><th>教育或生平</th><th>成就或评价</th></tr>
<tr><td>钱惟演</td><td colspan="2">《归田录》云：钱思公虽生长富贵，而少所嗜好</td></tr>
<tr><td>钱缶</td><td colspan="2">沉潜经学，深于易，学者称其为易象先生</td></tr>
<tr><td>钱宪</td><td>生而聪颖，少年才高，咏吟自适</td><td>进士
《钱氏传芳集》</td></tr>
</table>

① 孔庆茂．丹桂堂前：钱锺书家族文化史[M]．武汉：长江文艺出版社，2000：86.

② 孔庆茂．丹桂堂前：钱锺书家族文化史[M]．武汉：长江文艺出版社，2000：75.

续表

人物	教育或生平	成就或评价
钱法曾	读书养性，不问外事	《求是斋文稿》
钱照	承家儒素，闭门著述	《希天阁文稿》
钱奎	家学濡染，志在明道	《北国吟稿》《规世格言文稿》《文稿》
钱士镜	少颖悟，持筹握算，不废诗书	
钱若浩	少精八法	
钱维桢	善书	清廪贡生，候选训导 著有《含晖阁诗存》《似山居诗文存》
钱熙元	除读书作文外则无他好	“足迹不涉官府，于斯世泊然”。
钱福炯	“不喜标榜声华以迎媚当世”。 《先府君行状》中说：“吾父恬退，淡荣利人也。”	
钱基博	“生平无营求，淡嗜欲而勤于所职。” 暇则读书，虽寝食不辍。 以荣辱得失为梦幻，富贵功名如浮云。	
钱锺书	一心学术	

以上摘抄于钱氏一族中人的一些评述，明显可见其淡薄家风代代相传。许多钱家相关的自传或评述中，不少都在强调钱家人多注重淡泊名利而以学问、德行为重。在具体实行中钱维桢为人办事为免争讼，便先接受酬劳，事成又还给人家，还劝说他人不要再用贿赂的手段，而后人人称颂。其长子平日不恋栈官位，事毕不涉官府。熙元以教学为业，生性豁达颇有嵇康之风，钱福炯办义塾等等。当时福炯屡试不中，所以有人劝福炯学其所为，福炯不屑为之(捐官)，说：“先人以数册破书贻子孙，笔耘舌耕，免冻馁足矣。以赀即幸进，非先人意”[①]而钱基博则表明：“文章只以自娱，而匪以徇声气；学道蕲于自得，而不欲腾口说。不为名士，不赶热客；则中侠肠，孤行己意，而不喜与人为争议，人亦以此容之。饱更世患，又欲以宁静泯圣知之祸。”而这也是钱锺书的写照。钱基博也是在时刻以各种方式教育子侄，例如写信告诫钱锺书“澹泊明志，凝静致远，我望汝为诸葛公、陶渊明，而不愿汝为胡适之、徐志摩”[②]。

这许多事迹都被编写进《堠山钱氏丹桂堂家谱》中，以用作传世教子。这

① 钱基博，纂录．堠山钱氏丹桂堂家谱·先府君形状·行述第三[M]．1948.

② 孔庆茂．丹桂堂前：钱锺书家族文化史[M]．武汉：长江文艺出版社，2000：63.

种淡泊名利的精神也得以代代传承。

钱家属于传统家庭，从家庭结构上来说，家庭结构可以分为核心家庭、直系家庭和联合家庭等构成类型。核心家庭是由一对夫妻及其未婚子女所组成的家庭，家庭里的亲缘关系较为纯粹，结构简单，人口数少。直系家庭是在核心家庭的基础上，至少含有两代各一对夫妻，一般是三代同堂，关系较为紧密，人口数稍多。而联合家庭则如同中国古代大家族，同一代人中至少有两对以上的姻缘关系，多代共住，亲缘关系复杂，人口数众多。在笔者所考察的范围内，钱氏在福、基二代属于传统的联合家庭。到了锺书一辈结婚成家由于战乱，都各自“四海为家”。但直到锺书一辈主要的受教育过程都在钱氏那个联合家庭中。所以于钱氏家庭教育来讲，可以说是家族教育。因为是联合家庭，钱氏家庭教育中长辈对晚辈的教育就包含了爷爷辈同下辈的，也有叔伯对子侄的，几家人都住在一起，兄弟之间、叔侄之间交流方便，且钱氏夫妻和睦、兄友弟恭，形成了一种独特的家庭氛围。

首先，钱氏宽严相济、爱教结合的家庭氛围使得孩子学会爱，学会学。其次，兄弟叔伯的榜样教育，在无形中已经树立起学习的典范。最后，正是钱氏一家都淡泊名利，重文轻利，兄友弟恭，重情重义而非利，所以才能形成这样一个和谐的家庭氛围，家人相互才能有爱，并长久地延续下去。

钱氏家庭具有传统家庭的一面，也即是说同古代家庭一样，强调家庭伦理，依旧含有父权和夫权，家庭观念极为浓厚，钱维桢晚年归无锡时候，特作《似山居花木记》“以诏勉诸儿，尚其光复旧物，恢张前绪，以绳乃祖武”。从笔者分析来看，钱氏表现的主要是联合家庭好的一面，即形成了一个圆满和睦的大家庭，兄友弟恭，父慈子孝，夫妻和睦。所以从这一个方面来说，钱氏家庭首先为子弟们提供了一个和睦而快乐的家庭环境。

而钱氏的子弟多数处于一个什么样的环境之中呢？

前文已言，钱氏家庭具有传统家庭的一面，强调家庭伦理，依旧含有父权和夫权，家庭观念极为浓厚。同传统家庭一样，一个家庭中，强调每一个人的位置和作用。钱家是几代同堂，兄弟妯娌同住，在这个大集体中，家庭教育最重要的一个方面是长辈对晚辈的影响教育，这其中包含了：父子，叔伯子侄，爷孙等。

首先是父子，钱氏几代的父子之间，感情都很好，这种感情，有严格要求的教，也有舐犊情深的慈爱。钱家的子侄都是很孝顺的。有长者生病，皆回家侍疾，《孙庵年谱》还记载为庆祝父亲钱福炯七十大寿，钱基博预先一年即开始发起为父祝寿的征文活动，其父祖耆公去世后，钱基博心中悲哀，奉讳家居，辑《丧礼今读记》[①]并下决心不去清华任教。又编撰《钱祖耆先生行状》以寄托哀思，并于当年铅印出版，又请唐文治作《钱祖耆先生墓志铭》，可见哀思。钱基成对其母也是尽心，基博留意观察，终于知道大哥在母亲面前是故意把所买东西的价钱说低了，不足的部分则自己设法补上，以“承母之欢”。为修《堠山钱氏宗谱》基成秉承父志，犯风霜，触寒暑，周咨博访，终于帮助父亲修谱成功。[②] 而基厚每晚回家还是“定省老父”。

以钱基博为例子，虽然在骨子里是一个“非常慈爱的父亲”，不过钱基博是一个传统观念很强的人，在子侄辈面前，他更多地是以“严父”的形象示人。对锺书是“钱基博不敢得罪哥哥，伺机把儿子抓去教他数学，教不会。便发狠要打，又怕哥哥听见，只好拧肉，不许锺书哭”，“钱基博不敢当着哥哥的面管教锺书，可是抓到机会，就着实管教。因为在他看来，钱锺书不但荒了功课，还养成了不少坏习气，如晚睡晚起、贪吃贪玩等”。[③] 钱基博对儿子功课监督很严格，不达标便立即“采取措施”。在桃邬中学上学期间，一年寒假因为兵阻钱基博去了清华任教没回家，钱锺书便恣意阅读各种书籍，到第二年暑假父亲回家，钱基博命锺书、锺韩各作一篇文章；结果钱锺韩的一篇颇受夸赞，钱锺书的一篇不文不白，用字庸俗，钱基博气得把他痛打一顿。当时家人都在院子里乘凉，钱锺书一人还在大厅上，挨了打又痛又羞，呜呜得哭。[④] 杨绛后来记叙说“这顿打虽然没有起‘豁然开通’的作用，却也激起了发奋读书的志气。锺书从此用功读书”。钱基博慎言，虽然锺书敏锐，却也少得夸奖，一次钱锺书代父亲为乡下某大户作了一篇墓志铭。一天午饭时，他的“姆妈”听见钱基博对他的母亲称赞那篇文章，快活得按捺不住，立即去通风报信，当着他伯母对他说：“阿大啊，爹爹称赞你呢，说你文章写得好！”[⑤]钱锺书是第一次听到父亲称赞，也和姆妈一样高兴。

有严格的一面，也有慈爱的一面，总抓住机会教育孩子们，因为锺书“专爱胡说乱道”“好臧否古今人物”，钱基博严肃谨慎，深知言语招祸之理，便替他改了个字叫“默存”。典出《易·系辞》：“默而成之，不言而信，存乎德行。”又汉扬雄《解嘲》：“炎炎者灭，隆隆者绝……高明之家……默默者存；位极者宗危，自守者身全。是故知玄知默，守道之极。”还特意写了一篇文章《题画谕先儿》以示告诫，其文主旨大意约为要积极进取，含蓄内敛，善于蕴藏。可见

① 傅宏星．钱基博年谱[M]．武汉：华中师范大学出版社，2007：87.

② 刘桂秋．无锡时期的钱基博与钱锺书[M]．上海：上海社会科学院出版社，2004：28.

③ 刘桂秋．无锡时期的钱基博与钱锺书[M]．上海：上海社会科学院出版社，2004：151.

④ 杨绛．将饮茶[M]．北京：生活·读书·新知三联书店，2015：146.

⑤ 刘桂秋．无锡时期的钱基博与钱锺书[M]．上海：上海社会科学院出版社，2004：181.

其用心。这样的教育对钱锺书影响也很深。《管锥编》中论周武王《机铭》："皇皇唯教，口生诟，口戕口。"整部《管锥编》中，对此义有多处的阐发，都是在说要慎言为戒。当他的著作受到"左"派抨击的时候，"他一例恝然置之，如菩萨低眉，拈花微笑"。这些都是钱基博于生活处悉心教导的结果。

而父子之间也是有亲有敬。钱锺书与父亲关系很好，锺书对父亲什么都可以说，并不隐藏自己的思想，而钱基博对他也相当宽容。钱锺书"虽然从小怕爹爹，父子之情还是很诚挚的。他很尊重爹爹，也很怜惜他"。[①] 1933 年毕业前夕，钱锺书给父亲写信描述自己发表文章附上诗作还说："拟于《文学史》脱稿后，编次付印一百小册，费二三十元，纸张须讲究，聊以自怡，不作卖品，尤不屑与人争名也！春假学校发旅行费六十元，儿拟回南一省大人颜色。"钱基博还将二人信件全都整理保存，看二人信件，也可知父子二人有亲有敬，着实感人。不止钱锺书父子，钱家其他父子也是如此，钱锺韩出国留学还要携带纸墨，因要给父亲写信。其子钟仪也是时常将自己所闻所思尽数告知父亲。父子有亲，钱家尽显了。

这种有爱有教、有亲有敬的关系不仅在钱家父子之间，还在叔伯对子侄上。联合家庭中，十几个孩子生活在一个宅院，教育生活等都大多在一起。且钱家世代为"童子师"，所以作为叔伯的老师便会教授子侄。钱基博、钱锺韩等都大多受叔伯教导。父教子、叔伯教子侄以及兄姐教弟妹，整个钱家形成一个完整教育网络。钱家叔伯对子侄同父子一般看待一般教育，钱基博对锺书锺韩一般教导，熙元对基博基厚也一般。有严格的一面，钟鲁的印象中，伯父极其严厉，大家都很怕他。更多的是悉心教导的一面，如熙元对基博基厚，以史论教做人。钱基博说："今日粗识事理。幸勿陨越贻当世羞，亦何？莫非穷经治史，得力于当日仲父教者为多也。"[②]跟着熙元学习，到民国六年，基厚把当日父亲钱福炯、伯父钱熙元、兄长钱基成和堂兄钱基恩先后点定的"少时问业之作"辑为一集，其中基博四十四篇，基厚一百二十篇，名为《衣钵集》，而以经钱熙元点定的为最多。钱基厚解释书名含义时认为，天下学问广大，文字本来不足以概括，从小读书识礼，不致随俗浮沉，从小读书亦有出处由来，所以称之为可传之衣钵。后还师从同族心葵夫子，并问业于仲父颂眉公。《孙庵年谱》也多有这样的记载："长侄锺书及子锺韩始由伯兄授读，余子先由室人于五岁时，每日清晨在床授以方字，谓早起精神好、口齿清、记忆真也。""基成笑着说：你们两个从前不也是我教的吗？现在你们都成材了，

---

① 杨绛. 我们仨[M]. 北京：生活 · 读书 · 新知三联书店，2003：11.

② 钱基博，纂录. 堠山钱氏丹桂堂家谱 · 先仲世父述略 · 行述第三[M]. 1948.

我也不敢说是我的功劳，但两个弟弟总不至于认为是因为我教的而耽误了你们吧！况且我认为，教育能不能成功，不在多术，而在于尽不尽心。这样一来。兄弟俩就不好多说什么了。在这五六年当中，锺书、锺韩便跟着大伯父念书。”①伯父去世，锺书、锺韩也是伤心难过。基博在基成死后编撰了《兄弟孔怀录》的书名取义为《诗》“兄弟孔怀”指兄弟之间“甚相思念”。其中包含了钱锺书的一篇《题伯父画像》及钱锺韩的一副挽联。钱基博子侄亦疼如亲子如此，常带着锺韩随堂听课。为侄女锺元牵姻缘，当锺元有所踌躇时候，钱基博乃数次致函锺元，劝其善体父母心意，打消顾虑，可见钱锺元夫妇同钱基博关系也一直很好。

钱氏家庭中还有一组非常重要的关系——兄弟，由于女孩较少，所以主要都是兄弟之间。兄弟和谐，相互促进，一起竞争一起进步。钱基博基厚两兄弟相互有爱，一直住在一起，所以锺字辈的十几个孩子也是亲如一家。“弟基厚，少相狎，长相爱，同居数十年，砥行论学，往往面争至发赤，而未尝言财产。”②民国十二年，钱家在七尺场建造宅邸，在这里，钱锺鲁说钱绳武堂是无锡钱氏兄弟培育成长的场所。在《无锡钱绳武堂沧桑史》中，钱锺鲁说到我们兄弟辈童年在此建立的深厚友爱之情，终身难以割舍。锺书等堂哥一直友爱善待我们堂房兄弟，我们也十分尊敬堂房大哥哥。锺书一直称道：“我们堂兄弟情谊胜过亲兄弟”。杨绛也记载，“锺书自小在大家庭长大，和堂兄弟的感情不输亲兄弟”③钱绳武堂里也多的是夏天讲故事，摘花采果的故事，这里有着钱家孩子最美好的童年。

兄弟友爱，也存在着竞争和相互学习。有句俚语“好花开一树，烂菜倒一屋。”正好形容钱家一门俊杰，人才辈出的情境。就相互学习来说，钱基博基厚最明显，钱基厚在《〈衣钵集〉序》中说道：“叔兄沉潜好学，数十年如一日，余则读书务观大意，粗成诵则弃去，兄尝谓余文疏朗而出之以深刻，兄则有志典雅而益为古遒，此又余兄弟二人文字得失，粗幸各有所知，故能相与切磋也。”就竞争来说，典型的就是锺韩锺书了，虽非孪生，却也一直同受教育，钱家重视文史教育，郑逸梅《艺林散叶续编》曾说：“梁溪钱基厚与钱基博为昆仲，俱有文名。基博子锺书，基厚子锺韩，幼同学文，但锺书文思敏捷，为锺韩所不及。”钱锺韩说：“我和锺书一直在比赛，我发现我们两人的才能不同，虽然学的东西都一样，但我缺少一个文学家的素质，文学靠死用功是不

① 刘桂秋．无锡时期的钱基博与钱锺书[M]．上海：上海社会科学院出版社，2004：147.

② 刘梦溪，主编．中国现代学术经典：钱基博卷[M]．石家庄：河北教育出版社，1999：938.

③ 杨绛．将饮茶[M]．北京：生活·读书·新知三联书店，2015：134.

行的，要承认天赋的差别。于是就想寻找自己的突破口，另辟蹊径，来发挥自己的特长。如果那时不是自己好好分析一下，沿着我家上一辈安排的文科道路走下去，就有可能走投无路，白白浪费时间。”①到毕业，“锺书国、英文有特长，而锺韩数理较好，各科成绩亦平均，故毕业时名列第一，与锺书均获优奖。”②后来他曾回忆这种心理上的变化说：“自己早就知道不是学文学或哲学的料子，因为在那些领域里，如果没有天才和灵感，就没有出头的日子。我立志要学理工，走自己的路；要离开他们远一点，可以少受一点批评，减少一点心理上的压力。我亦觉得学理工比较实事求是，注重逻辑思维，比学文科容易得多。”③在辅仁中学时候，全校以国文、英文、算术三门课竞赛，结果锺书国文、英文两个全校第一，锺韩则数学第一，国文、英文两个全校第二，引起了全校的轰动。

这种兄弟相互学习及良性的竞争也是促进钱氏子孙不断进步的原因。此外，基博基厚的友爱是锺书锺韩良好的榜样，锺书锺韩的优秀又是后面弟弟妹妹们的榜样。钱锺韩在家里是长子，家里的弟弟妹妹多，他从小就自觉地挑起教育弟弟妹妹的责任，成了家里众多弟妹的家教老师，每到寒暑假回家，挑起为弟妹补课解疑的任务。所以从小练就了做老师的本领，有很强的讲课和组织领导能力，弟弟妹妹在他的教导之下，个个成绩出众。这种榜样教育下，钱家子孙每一个都出类拔萃。和谐的关系使得她们在一段完善的关系中学会如何爱，也在其教授中沿袭了家长的世界观，这些所有的影响，合之则为家风，一代一代地延续下去。

钱家世代要求为人淡泊名利，谦虚坦率。这种性格不仅在生活中严格要求自己，并将这种要求贯彻执行在子孙身上。因为钱家子孙许多都“少而敏杰”，不免有年少气盛的时候，但凡出现这种情况，钱家长辈都多数以直接说教的形式要求子孙谦虚坦率，不做沽名钓誉之人。这种传承，在后世子孙的为人中可以充分看到。

首先在自身，谦虚谨慎是钱家共同的美德。为学谦虚，为人坦率。从先辈来说，钱祖耆对基博兄弟锋芒毕露十分不满，告诫基博兄弟要谨守朴学，并以约束门禁的形式，要求二人闭门读书，不“接宾客”不以文字相标榜。④ 而钱基博也深得家传，一生以求学为要，不以声名为荣。对长辈还是晚辈，都

---

① 孔庆茂. 丹桂堂前：钱锺书家族文化史[M]. 武汉：长江文艺出版社，2000：53.

② 钱基厚. 孙庵年谱[M]. 无锡：“民国十八年”自印本，1912－1948.

③ 毛荣方，编. 钱锺韩教授文集[M]. 南京：东南大学出版社，1994：224—225.

④ 孔庆茂. 丹桂满庭芳：无锡钱氏家族文化评传[M]. 郑州：郑州大学出版社，2013：9.

以谦逊的态度面对。沈昌直《钱祖耆先生七十寿序》中说道："丁巳之秋，晤钱子子潜，一见如旧相识。钱子道德文章，均岿然出吾人上。余意锡邑山水之精灵，庶其在此。钱子则逡巡谦逊未遑，正襟起，且名己曰：'博何敢，博何敢！博之所得，盖皆有所本也'。"张舜徽说："记得和钱子泉先生第一次通信的时候，是在1941年的春天，那时我刚三十岁，而他已五十多岁了。我在署名的上面自称'后学'，这是应该的。但先生在回信中却说：'后学㧑谦，非所克当，获厕友朋，为幸多矣'。"他对锺书，不止一次地告诫教导要内敛谦虚，先文提到的"默存"与《题画谕先儿》以及家信中时刻提醒锺书做人的道理都出于一个目的。基博父子如此，基厚对其子也是如此，可见家教。基厚在儿子锺汉赴内地之时，特意写了一份家训："汝欲远行，手此相付。须知老人一生谨慎，遇事未尝敢稍以轻心掉之。而自问耿介拔俗，不致随人俯仰，实得力于不轻取与，故能自强不息，自处于不夷不惠，做人在不亢不卑。守此，吾之子也；不守此，虽成功，汝之幸也。天下获无妄之福者，必受无妄之祸；发横财者，必倾家赀；非分者，必有显报。以他人性命博自己富贵者，尤祸不旋踵。往古不论，今世无限，唐花好景不长，以其生机促也。政治充满杀机，吾愿汝无近之。"①用心至此，可谓家教。这样的家风也随着在一代代的言传身教中传承，并影响着钱氏子孙的一生。而他的长子锺韩，也是坦率求真，坚持真理，不为强权所屈服。据载他在伦敦求学时，完成硕士论文的时候发现教授的方法有问题，他坦率的提出，有人劝他说论文更重要，而锺韩为了坚持真理，宁愿放弃学位。② 为人如此，悉有家传。

自古文人清高，求清求明，淡名克欲。传统知识分子许多优良的传统风格都在钱家有所显现。钱家家教中有一个重要的方面，便是俭节克欲，同淡泊名利相辅相成，一个是处事风格，一个为人标准。保持着作为知识分子的清高。

俭节克欲在几代人中都表现地特别明显，特别是配合钱氏独有的求知求学的风尚，所以在生活上，显得钱氏家族的生活方式有些清苦。前文已述，钱氏到钱维桢一代在经济上已经不富，且又淡泊名利，乐善好施。所以在物质上，钱家人自己不要求，也不强求。

钱基博在自我检讨书里就描述了自己一生节俭，其妻其子其媳都沿袭一般，还特意在检讨书中叙写了父亲教育自己的一件事说："我父亲最爱惜谷粒。我小时候同他吃饭，有一两粒米饭落在地下，他老人家必叱喝着，叫喊

① 孔庆茂．丹桂堂前：钱锺书家族文化史[M]．武汉：长江文艺出版社，2000：157.

② 孔庆茂．丹桂堂前：钱锺书家族文化史[M]．武汉：长江文艺出版社，2000：74.

捡在口中吃下去；常常说：‘碗中一粒米，农民一身汗！’我还记得，有一天，他到厨房下，看到泔脚缸里有饭，发气说：‘你们吃了现成饭，哪儿知道乡下人种田的辛苦！’女佣应着说：‘饭馊了，所以倒掉！’他更发气，说：‘你看我吃下！’就取一个淘箩，将饭沥出，取开水一泡，就吃下了；大家吓得不敢做声。”

钱锺韩曾说道：“家风如此，所以这方面对子弟的教育也不含糊，伯父和父亲对子女家教极其严格，还立了‘五不准’(不准抽烟，不准赌博，不准跳舞，不准玩女人，不准仗势欺人)的家规，这些戒律我父辈自己严守力行，拒绝社会一切声色犬马之好，廉洁奉公，并一再教导我们‘不要追求金钱，一旦迷信钱，就丧失高尚的人格’。所以，我们钱氏子弟都终身恪守‘姓钱不信钱’的信条。”①这样的教育也卓有成效，对钱家子孙有很大的影响，钱锺韩一生严于律己，他担任省政协主席后还是保持公私分明，俭节克欲，说有一次家里冰箱坏了他就让儿子拉着板车去修，他的专车司机不解，他回答说：“这是我个人私事，哪能去找您呢。”

钱氏家庭教育中重视德性与为国为人等方面看着内容繁多，实则是围绕着对一个传统文人的要求所沿袭总结而来，从中可以看到一个传统文人所具有的风骨。

(二)文史教育

钱氏是一个文化世家，从千年前沿袭到近现代，钱氏都以学为重，即家谱所说代有著述，也即如钱基博所自述：“我祖上累代教书，所以家庭环境，适合于‘求知’；而且，‘求知’的欲望很热烈。”②从中国古代来说，历代都强调重视传统经史的传授，孔子曰：“不学诗，无以言。”同时，知识分子受科举的影响很大，中国古代科举都以四书五经等传统书籍为基础，所以文史教育便成为学习的重点。即便到了近代，钱基博兄弟已经受西方影响开理学研讨会，基厚的多数儿子都从理科，但在钱氏家教中还是以文史教育为主要内容。且代代相传积累下的文史上的基础对钱氏子孙受教育有很大的影响。钱锺韩说：“我的家庭是旧知识分子家庭。我的父亲(钱孙卿)和伯父(钱基博)对中国古书读得很多，有相当深的造诣。从五岁开始，他们就教我们读书。读的都是中国古典文学和诸子百家；还教我们写文言文章，连家信都不许用白话文，否则就要挨骂。我伯父是几个大学的中国文学教授。他希望我们跟他走，学文科；最好是搞中国古典文学，不得已时也可以考虑改学西洋古典文学。我的

① 孔庆茂．丹桂满庭芳：无锡钱氏家族文化评传[M]．郑州：郑州大学出版社，2013：13.

② 钱基．自我检讨书(1952)[J]．天涯，2003(1).

堂兄钱锺书就是按照这个计划培养出来的。我是家庭中第一个学理工的人，在这方面得不到家里的帮助，因为他们对现代科学绝口不谈。当然，也得不到他们的支持。”①所以锺韩虽研究理科，但因其家学，被人盛赞是“文理兼修”的通才。

钱家家学渊源深远，对于子孙教育循序渐进，子孙对学问的追求则愈深愈博。

钱基博、基厚在父兄的指导下国学基础很好，基厚虽后从政，但依旧手不释卷，一直追求学问，钱基博更不用说，学问遍及四部，是著名的教授和国学大师。近代以来，新文化的传入，报纸、书籍的翻译和引入，大大开拓了他们的眼界，所以开拓了理学的研究这一途，从未故步自封。基博写征文得了奖金也是立刻寄到书店买了许多书。

到锺书这一代，新式学堂引入，桃邬中学、辅仁中学，都以英文为重，钱锺书本人更是学贯中西，博览群书。钱锺书尊父命到国立师范学院任教后，其图书馆藏书很多，而钱锺书更是将多数的时间放在阅读上，一段时间后基本浏览了图书馆所有的藏书。而钱基博每日黎明早起一直端坐著述，学问遍及四部。父子二人，痴迷于学问，虽寂寥，却也不改其乐。而钱家其他的人都以求博求深的态度面对知识和学问，这种风气，影响了钱家每一个人，如钱锺韩也说：“一个知识分子应该把学习活动作为自己生命的一部分，不断扩展自己学科领域的广度和深度，并不断锻炼和提高自学能力。”

做学问，要耐得住寂寞，要下得了功夫。勤奋，是学习一个必备的要素。以学习为乐在钱家并非玩笑话。钱氏代代相传，在文化修养上都有突出的部分，这些都是一生勤学的缘故。钱基博说弟弟“孙卿每日晨起入公署。晚炊归，定省老父，一二语即退入妇室，据案摊左丘明、太史公书，发声颂。老父哂呵之曰：‘书痴！’余假归，所居室与孙卿连，往往中夜睡醒，而孙卿琅琅声犹未辍也。”②钱基博本人读书无一字滑过，有五百余册读书日记，而钱锺书也有“五大麻袋”笔记。这种勤学，未有一日而废，杨绛回忆到：“母亲形容父亲开夜车学理化，用功得背上生了一个“搭手疽”，吃了多少六神丸。”③这种勤学是如何延续到子孙上的呢？一方面是自身示范，如(基厚)每天都要读到深夜才睡，钱锺韩说小的时候，不管夜里什么时候醒来，总是看见父亲端坐在

① 孔庆茂．丹桂堂前：钱锺书家族文化史[M]．武汉：长江文艺出版社，2000：51．

② 钱基厚．孙庵年谱[M]．自印本，1912—1948．

③ 杨绛．将饮茶[M]．北京：生活·读书·新知三联书店，2015：20．

床上读线装书。[①] 基博二哥少殇，其昏瞀之际还高声朗诵《左传》……这些亲身经历，都在钱氏子孙的心里留下深刻的印象。另外，外部来讲，小时父兄监督，严格要求。钱锺书因为学不勤被父亲怒打。钱基厚小时候也有两位“严兄”为其把关，未有懈怠。锺书上学时候，钱基博在校任教，他便要求锺书锺韩放学后去他办公室自习和研读古文。正是在内外两方面深刻去要求影响子弟，所以钱氏子弟中都有一定的文史基础，没从事文史方面的研究的也因养成勤学的好习惯而受益终生。

钱氏家庭教育中，内容以文史为主，文史教育强调广博，所以在启蒙时期会学习背诵许多传统文典，而到后期，对文史的学习点拨更多在启发思考了。这个思考中，有价值观的传授，有思维能力的培养。在《先仲世父述略》中记载了熙元对钱基博基厚的教育，在科举一事上，熙元说：“制举文代圣贤立言，岂仅以资干禄希荣之用。匪穷经不足以阐其理，匪读史不足以尽其变。”又说：“曹子桓云：‘文章者，经圈之大业。’经解史论，亦当援古以证今，使人有所取法；谭经说史，不过借以托讽，譬诸诗人之比兴、说书之楔子耳。贾谊作《过秦论》，为后世史论之祖，其下篇必上推先王、下述秦衰，又引野谚‘前事不忘，后事之师’，而极之于君子为国，观之上古，验之当世，参以人事，察盛衰之理，审权势之宜，其意断可识矣。”所以钱基博说：“今日粗识事理，幸勿陨越，贻当世羞，亦何？莫非穷经治史，得力于当日仲父教者为多也。”钱基厚对这种启发说道：“粗辨事理，不轻俯仰随人，亦自少时学作史论、独抒己见来也。”

这种启发思考的文史教育，如钱基博对子弟读书的指导上，向来重视方法，先后写过《周易解题及其读法》《四书解题及其读法》(以上商务印书馆出版)，《文史通义解题及其读法》《古文辞类纂解题及其读法》(以上中山书局出版)，《老子解题及其读法》(大华书局出版)。这些著作都是为了教育弟子而编的入门指导书。包括《后东塾读书记》，是 1939 年夏教侄儿锺汉读陈澧《东塾读书记》而写的。后改名《古籍举要》由世界书局出版。[②] 他选了《古文辞类纂》《骈体文钞》和《十八家诗钞》三部书作为给钱锺书的阅读文本，以便其体会、辨析古代诗文的渊源流变、风格做法的得失异同。并在同子弟的交流中，养成质疑多思的习惯。有一天，傍晚纳凉庭中，与诸儿论次及之，以为《答问》可配陈澧《东塾读书记》。而锺书却不同意父亲的观点并用实际论据说明，后

① 孔庆茂．丹桂堂前：钱锺书家族文化史[M]．武汉：长江文艺出版社，2000：32.

② 孔庆茂．丹桂堂前：钱锺书家族文化史[M]．武汉：长江文艺出版社，2000：33.

基博记载道闭户讲学而有子弟能相送难，此亦吾生之一乐。[①] 在教授子弟创作时候，钱锺韩说："父亲、伯父经常对我说，写文章要写出自己的特色……这件事给我留下的印象非常深，使我懂得，写文章如果没有新的见解，就是第二流的。"三伯父对他与锺书的要求很严。要求他们要以批判的眼光看待评价古人古书，一本书读下来，不能只是吸收记诵，重要的是要有自己的看法，决不允许人云亦云。这些教育对锺韩注重独立思考，严谨踏实的学风不无影响。而这种善于思考敢于质疑强调方法的家风也继续延续，钱基博从不人云亦云，写文章批判梁启超的文章，对杜威学说也持批判态度，而钱锺书从小就做些小考证，锺韩注重方法，理清思路强调逻辑，这些都有家学渊源在。

三、钱氏家庭教育的方法

(一)言传身教

"言教就是通过语言来对子女进行教育，是家庭教育的基本方式之一，它又有许多具体方法，比如给孩子讲故事、谈心、口头安排任务，用言语进行指导、批评表扬等多种形式"。[②] 至于身教，儿童总是去模仿打人，特别是自己的父母。父母率先示范，才能感化子女从而产生教育效果。子曰："其身正，不令而行；其身不正，虽令不从"(《论语·子路》)颜之推也说："夫风化者，自上而行于下者也，自先而施于后者也。"(《颜氏家训·治家》)钱氏家庭教育中，许多优秀的传统可以传承下去同言传身教的教育方法有很大的关系。

钱家长辈有许多是以直接告诫的方式教子侄的，直接指点和教育的事例甚多，言传中有学习上的指点、为人上的告诫指导等。例如钱熙元发笔题让他们(基博基厚)作的第一篇史论是《萧何追韩信论》并指点他们说："作文须寻题间，读书贵有特识。"[③]这种读书要特识又被基博教给了锺书锺韩。这种言传还是持续一生的，据说解放后，锺汉已经是副市长的，还是不敢在父亲面前抽烟，有一次出去看电影晚了，便受到了父亲的批评。[④] 钱锺毅公正廉洁，钱基厚知道后，夸奖道："此子早岁在小学曾以拾金不昧，获有奖状，余喜其任事在外，乃无改幼年志节也。"[⑤]还筹措了千把块钱寄给他，而锺毅则将钱让同事代存以接济去桂林又遇不便的亲友。钱基博也几次写信告诫锺书为人处事

① 曹毓英，选编．钱基博学术论著选[M]．武汉：华中师范大学出版社，1997：522－525．

② 彭丽荣．家庭教育学[M]．南京：江苏教育出版社，1993：138．

③ 钱基厚．孙庵年谱[M]．自印本，1912—1948．

④ 张一飞．我所认识的钱孙老·无锡文史资料·第二十二辑[M]．无锡：政协江苏省无锡市委员会文史资料研究委员会，1980．

⑤ 陆阳，编．钱基厚孙庵私乘[M]．北京：团结出版社，2016：7．

的道理和方法。钱基博也多次告诫锺书重视德性，如“独汝才辩可喜，然才辩而或恶化，则尤可危。”①

在身教中更为典型，钱锺鲁在《无锡钱绳武堂沧桑史》中写到，钱基博平日非常严肃，不苟言笑，也不涉足游乐场所，我们子弟都对他十分敬畏。钱基博自序则言：“平生无营求，淡嗜欲，而勤于所职，暇则读书，虽寝食不辍。……而性畏与人接，寡交游，不赴集会，不与宴饮。”这样的勤学淡薄，对锺书等人影响巨大。父子二人虽然性格不同，但有许多相近的地方，那些神似，多在家风浸染中学就。

（二）严格要求

钱氏一家强调为人勤俭为学精深，这种“自苦”的精神贯穿于家教中，不管是修为德性还是求学为师，钱氏长辈对晚辈的启蒙教学中，要求严格，不废标准。这也是钱氏家族代有著述的一个原因。

据杨绛《将饮茶》说：“锺书的父亲是由一位族兄启蒙的。祖父认为锺书的父亲笨，叔父聪明，而伯父（即基成）的文笔不顶好。叔父反正聪明，由伯父教也无妨；父亲笨，得请一位文理较好的族兄来教。那位族兄严厉得很，锺书的父亲挨了不知多少顿痛打。伯父心痛自己的弟弟，求了祖父，让两个弟弟都由他教。锺书的父亲挨了族兄的痛打一点不抱怨，却别有领会。他告诉锺书：不知怎么的，有一天给打得豁然开通了。”②这种因学不好而挨打的经历不仅钱基博有，钱锺书被父亲痛打，锺韩因学不好国文被父亲骂笨。钱家家教严格不仅在接受启蒙时期，而是贯穿于钱氏子孙一生。锺书、锺韩进了学堂，钱基博每天要两个孩子到他任教的学校学习，他自编了一本古文选本《斯文宗统》逐日教授，正是这种严格要求下，锺书、锺韩在小学国文水平便与众不同。到了大学，父辈也毫不放松，要求隔几天便用毛笔工楷写信回家汇报学习情况。钱基厚回信以朱批表明意见原信回返，而基博则手写回信，还将儿子寄来的信精心保存，钱锺书整理基博遗物才发现许多厚厚的由钱基博亲贴题签的《先儿家书》。钱氏长辈在子孙一生成长中都以指路明灯和镜子的形式存在，不因儿孙有了成就便不管而是更加严格。且涉及生活的方方面面，如钱基博不许女儿用舶来品化妆，不许儿子穿西装等等，面面俱到，内容有待商榷，但这种严格要求的家教方式保证了钱氏子孙严于律己的品德。

（三）家校一致

家校一致可以理解为学校和家庭教育相互配合，共同促进学生发展。家

① 钱基博．谕儿锺书札两通[J]．光华大学半月刊，1932(4)．

② 傅宏星．钱基博年谱[M]．武汉：华中师范大学出版社，2007：10．

校一致在钱氏家庭教育中归于方法的原因在于钱氏福炯、基博、锺书三代中，受教育(私塾或学校)中涉及一个选择老师和学校的过程。且从他们受教育过程来看，福字辈和基字辈受到什么样的教育完全在于家庭对子女受教育的态度。选择什么样的私塾和塾师，体现了一个家庭的涵养。选择什么样的学校，也可以体现一个家庭的价值取向。所以钱氏家庭教育中家校一致的教育方法主要指钱氏长辈为子孙选好老师、选好学校，并额外做教育补充这样一个过程。

结合钱氏三代的受教育经历来看，比较清晰的例如基博兄弟在家受教育后主要从师有四位，除了伯父熙元，福炯为二人寻的师傅分别是周慕藩、胡捷三、许彝庭，这三位都是无锡名儒，比如说："师从许国风后，每次作文，到馆领题后，并不仅仅是向老师请益文字，而是和老师上下古今，抵掌而谈，不可一世，旁若无人，同辈都见而目笑之，以为少年轻狂，独先生却优容待之，而且对兄弟俩所作之文字多有奖勖。"先生学识渊博且优待二人不以寻常看之，启发鼓励二人，这对于学生来讲实属不易。而选好老师之外，选好学校也很重要，锺字辈时现代学校开始在中国发展，锺书、锺韩小学在东林小学就读，当时东林小学招生，第二天无锡两大报纸《锡报》《新锡报》同时报道了这一消息，并且都刊登了录取新生的完整名单，可见重视，而且对学生要求严格，锺书、锺韩虽被录取，但因为入学数学不好被告知要求在家补习，开学还要复试。东林小学是一个什么样的学校呢？其前身是著名的"东林书院"，校长日本留学后效仿日本办学，秉承的是"风声雨声读书声，声声入耳；家事国事天下事，事事关心"的东林传统。二人就学时，东林小学规模宏大，气势非凡，校长是辛斡，善研古文，聘请了潘梓年、张振铺等名师。全校师生都勤奋工作，东林三个年级二百多学生，教职员十多人教师兼任会计、舍监等，全校教职员住校，一心扑在教育上。[①] 东林声望很好，钱家住在七尺场，竢实小学更方便，但还是选择了更远的东林小学。初中是美国圣公会办的教会学校桃邬中学，重视英语和体育，对中国传统教育比较放松。[②] 这同锺书、锺韩所受家庭教育整合互补。后转入辅仁中学，而辅仁，也是无锡圣公会的中国会友唐纪云办的私立学校，沿袭西方教学模式，重视英文，选择的课本和授课都以英文为主。这样的学校可以说在当时教育水平属于比较高的。例如桃邬中学，它的毕业生希望进洋行当职员，最高目标是升入上海圣约翰

---

① 姚方勉．三年东林小学生活·无锡文史资料·第二十二辑[M]．政协江苏省无锡市委员会文史资料研究委员会，1980.

② 陈次园．一些回忆与思索[J]．昆山文史，1990(9).

大学，以后可以直接去美国留学。[1] 这种开放性的学习中，接触到的同家庭教育不同的教育风气和价值取向对钱锺书锺韩这一辈的人来说，超脱传统束缚，冲出家门获取更加广阔的人生发展空间，浸染了异域文化，所以这也成就了他们。

钱氏家庭还在学校之外进行“家学”的额外补充，“进入高小后，由于缺了四年基础教育，学习困难很大，学校里有一套功课，有一套作业(当然比现在少得多，浅得多)，家里却从不过问，只是另行安排一些课外学习任务：继续读些古典文学，读些中国历史，写些议论文章。在这几年里学得很狼狈，成绩不佳，有时还不及格，只能靠自己的阅读能力来勉强应付功课。”[2]

钱基厚在锺韩每日下学后还安排一定的内容再补教锺韩，基厚基博还将二人暑假安排到好友朱梦华那里去补课。[3]

好教师、好学校以及好的家教补充，正是这样的配合下，钱家才出现一代又一代的精英人物。

(四)整合资源

钱氏能维持其家风并代有人才出的原因首先在文化资源丰厚上，物质上的表现则是藏书极多。用于启蒙教学的儒家经典自然不说，基博自传称十一岁已毕《四书》等历代经典文集。还有许多“正规小说”，锺书小时候和伯父出门，伯父谈事总额外给锺书在小书铺租书看。基博基厚年轻时候自学理科，没钱买书还偷偷瞒着父亲拿家中藏书去书铺换取各种物理化学或杂志观看。[4] 钱基博指导锺书看书也是将《古文辞类纂》《骈体文钞》和《十八家诗钞》等不常见的古籍作为阅读材料。在技术上的资源则表现为长辈对晚辈知识、方法或价值观上的指导。熙元对基博基厚史论指导，言论不循常法。还将自己亲手评点的南宋吕祖谦的《东莱博议》和明代张溥的《历代史论》给他们作为学作史论的范本。基博为指导后辈看书写了许多典籍读法剖析。在家纳凉也是议论文学，交流看法。正是在一代一代的积累传承中才出现了像钱基博、锺书这样的大师和宗匠。

人才资源，一方面是联合家庭中相互扶持，在前文中已经对钱氏家庭中长辈对晚辈以及平辈之间的相互帮助、砥砺前行的突出表现有所描述。另外一个方面则是钱氏家庭子孙所能接触的文化资源，例如参与文人雅会，接触

---

① 毛荣方，编．钱锺韩教授文集[M]．南京：东南大学出版社，1994：224.

② 毛荣方，编．钱锺韩教授文集[M]．南京：东南大学出版社，1994：224—225.

③ 刘桂秋．无锡时期的钱基博与钱锺书[M]．上海：上海社会科学院出版社，2004：165.

④ 刘桂秋．无锡时期的钱基博与钱锺书[M]．上海：上海社会科学院出版社，2004：43.

文人名士等。都对他们学问做人有很大的影响。福炜少时随父钱维桢寄居江阴，经常参加文士雅会，常使名宿敛手，声誉鹊起。[①] 钱锺书学写诗，父亲便携他拜谒了晚清大诗家陈衍老先生，[②] 石遗老人同钱基博交好，或到其家便指点和审定锺书诗作，对锺书影响很大。民国十七年(1928)初，钱基博有致南通费范九信，信的后半段，有这样一段文字："又缪先生诔文，应酬之作，本不足道，然尚不落寻常蹊径，即以印本拆下腾正，系儿子锺书涂鸦付印。此子今年十七，似尚有志于学问，《说文》部首，已临写过五遍，尚乞长者有以教之为幸……。"[③]这些对于钱锺书的长进来说影响不可谓不大。此外，因为家长长辈的关系，锺书锺韩小小年纪还能结识一些父辈的著名学者。如唐文治和钱穆，锺书锺韩经常随钱基博到唐文治家，若无外客，唐文治总要问二人读书心得。[④] 而当时钱穆往钱基博办公室长谈，锺书下学后也常来等父归家，钱基博常拿出锺书的课卷相示。[⑤] 锺书往来其父工作的学校，感受其中的人文氛围，还在国专也结识了一些人，例如钱仲联和徐管略的交往，后钱锺书还同徐先生结成忘年交，特为徐先生写《哭管略》，可见情谊。同这些人的交往，不管是在为学或为人上都有很大的助益。

此外，钱家家风延续同选媳择婿的倾向也有一定关系。古语说"外甥不出舅家门"，为了追求文化层次，婚姻往往追求门当户对，同时便与外家的文化和人才资源共享。与之结合的大多是文化世家，家族间的联姻就是文化上的联合，不同家庭背景的家族文化交融碰撞，由单一文化家族形成一个四通八达的文化家族网络，有利于家族之间利益的扩展和沟通。既保证了家族文化在子弟身上的纵向传承，又能实现家族横向沟通交流融合。而这些，就有利于保证其子弟素质的优化。

首先来看一下钱氏选媳择婿的对象。

妻子	教育背景	身份(家族)
孙氏(钱福炯)	"通字义，辨句读"	无锡孙竹筠之女，大户人家，书香门第

① 刘桂秋．无锡时期的钱基博与钱锺书[M]．上海：上海社会科学院出版社，2004：12.

② 晚清同光体三大诗人之一，有许多著作传世。

③ 钱基博．与南通费君书[J]．新无锡，1928(1).

④ 钱锺韩．我所了解的唐文治先生[M]．江苏文史资料选辑：第19辑江苏人民出版社，1981.

⑤ 钱穆．八十忆双亲；师友杂忆[M]．北京：生活·读书·新知三联书店，2005：133.

续表

妻子	教育背景	身份（家族）
王氏（钱基博）	“沉默寡言，严肃谨慎” 贤惠	父亲王绎学识渊博，进士出身，官翰林院庶吉士 著名词人、小说家王西神（蕴章）的妹妹，兄弟都是鸳鸯蝴蝶派的主要作家
高珍（钱基厚）	当地名流、县副贡生高映川先生的长女高珍	
杨绛（钱锺书）	东吴大学、清华西语系教授、留洋英国、著名学者	杨荫杭，法学家
沈慧贤（钱锺韩）	浙大化工系、南京化工学院教授、副系主任	当地读书人家，其父沈有壬是国民党官员，兄长沈尚贤浙大教师，是锺韩同事
秦溶方（钱锺纬）	钱基博老友秦铭光之女，著有《锡山风土竹枝词》	
奚赛珠（钱锺汉）	苏州女子蚕桑学校 从事中学英语教育	
女婿	教育背景	评价
许景渊（钱锺元）	北平税务专门学校 上海海关工作	钱基博介绍 谈吐英爽，酬对得体，勤于所事，而喜以文史自怡
石声淮（钱锺霞）	长沙国立师范学院国文系 私立华中大学国文系讲师 后同钱基博一起任教	钱基博一手操办，做过钱基博助教，后钱作《金玉缘》相贻

从上表也可以很明显地观察到，文化联姻的倾向十分明显，钱氏选择联姻的对象基本都是文化上水平比较高的家庭。媳妇的评价来说，对其受教育水平有所描述的便是“文化人”，没有受教育经历描述的也是出自文化世家，书香门第。钱家女儿少，三个嫁人的女儿，可察的两位都是钱基博介绍并十分满意的具有深厚文化背景的年轻人。

从中也可以看出，钱氏家庭和谐，延续家风和重视联姻对象有很大的联系。翁婿之间、舅甥之间，皆有良好的交往。因为好的母亲，所以如孙氏哥哥所言“稍有失误，虽成人不宽贷，故诸子终岁在外，不敢妄费一钱，一切嗜好毋敢染”①钱氏虽然是传统家庭，但夫妻恩爱，家庭和谐，未有离婚不适之传，钱基厚、基博虽然受传统教育，保持严父之姿，但家庭中却没有什么男

① 傅宏星，编．钱基博集：序跋合编［M］．武汉：华中师范出版社，2014：12．

尊女卑、夫权至上这种陋俗。所以钱家既有传统家庭中的和谐，又有现代家庭的平等。所营造稳定和谐的生活环境，对于子弟的成长也有很大的作用。

钱氏家族子弟对待婚姻的态度也十分可取，强调简婚，这同长辈教育有关，如锺韩同沈慧贤女士成婚时，孙庵便发一启示云："有子在外成婚，不敢惊动乡里，别订简化节目，只由两姓签证，戚属数人，清茶一杯。不受贺，不张宴，自维凉德，何敢侈言转移习俗，示俭所以力守节约，凡我亲友，幸共鉴之。"钱基博在相杨绛这个儿媳妇的时候，也因其大体之言而有加，而后还特意给杨绛写信珍而重之地把锺书交给她，可见其用心。外家选得好，文化资源便更多了一层保障了，钱基厚基博受舅舅家影响很大，而钱家也不放弃对外孙的教育，如钱基厚便写过信教育外孙秦文澜（钱基成女儿梅安的儿子，是钱基厚的好友秦琢如的孙子，此亦可见钱家作为联合家庭中的情深义重及团结了）如何读书，如何为人，同教育钱氏子孙一样，要文澜淡泊名利，"故言苟全性命，必曰不求闻达也。汝其志之！"[①]还特意说到"老人与汝，真有骨肉之亲……汝为吾家最长之外孙，亦吾伯兄子兰公之嫡胤，谚云'外孙不出舅家门'，又云'小看大样'，甚望汝为最好外孙，能作后来榜样，毋愧舅氏家声也。"[②]可见用心。

四、钱氏家庭教育的特点与启示

（一）钱氏家庭教育的特点

钱氏子孙在受教育过程中，途经现代，凸显着一个由古到今的转变过程，在时代大变革中表现了新旧并存，中西结合的特点。总的来说，钱氏家庭教育同近代整个社会（主要还是精英家庭）家庭教育变迁的总体趋势相同，在西方文化的浸染下，人们的思想得到更大的开放，不过就家庭来说，要慢得多。中国的宗族社会由来已久，所以家庭教育虽然在近代化中逐渐现代化，但这种现代化是基于传统家庭中培养出来的一批新的现代人，而这些新一代知识分子促使了家庭教育迅速变革，同费正清所说："这些人（指新知识界）所受的教育促使他们去反对传统。"[③]这批新的知识分子（钱锺书这一代为典型），秉承传统，又去极力避免传统家庭中不好的地方，成为新式家庭的提倡者。他对钱媛的教育，便可以很好地表明这种变化。少了传统中严父的规定，钱媛的

① 孔庆茂．丹桂堂前：钱锺书家族文化史[M]．武汉：长江文艺出版社，2000：157.

② 孔庆茂．丹桂堂前：钱锺书家族文化史[M]．武汉：长江文艺出版社，2000：158.

③ 费正清，刘广京，编．剑桥中国晚清史：下卷[M]．北京：中国社会科学出版社，1985：642.

家庭教育便充满了民主平等科学等这一系列现代化因素，而这些因素，在钱锺书受家庭教育阶段是不具备的。

钱氏家庭教育中，从传统时期到近代再到现代，变化是巨大的，同近代整个家庭教育的转变趋势相同，同近代文化的转变趋势也相似，都在变革中走向民主化和科学化。分别来说，家庭教育形式上，可以说从封闭走向开放。西方家庭教育著作、理论等的引进以及中国本土化家庭教育专家的诞生，这对于家庭教育来说，对于突破传统时期关注文史教育，重视伦理道德这种特点，开始关注美育、体育等传统时期家庭教育中不具备的因素，这些变化有些是形式上的，但其实考察说来，对于钱氏教育的特质一直在形式转变中坚守着。这种特质的坚守，例如重视德性，强调淡泊名利，以及重视学习能力等这是即便到现代，钱锺书对钱媛的教育依旧强调的。在家庭教育中，家庭相比于学校，有一定的封闭性，影响范围多在家庭成员之间，所以代代相传地保存钱氏的特质。这种特质经过近代这样的大变革时代，通过超脱制度性因素保存下来的，才是需要关注并保存的钱氏家庭教育的精华。

（二）钱氏家庭教育的当下启示

钱氏家庭教育中，从内容和方法来说有许多都很符合现代教育要求。并且，在锺字一辈的成员中，多数孩子依照现代教育模式，即以学校教育为主的情况下钱氏子弟还是表现优异，他们的成才经历是可供现代家庭借鉴的。

1. 重修德性知礼明理

钱氏家庭教育内容中道德教育属于最重要的一个部分，道德教育被融合于钱氏幼子启蒙及后面一系列的教育中，贯穿于子弟一生。对子弟的德性教育中，也是在为国为人的各个方面为子弟树立一个正确的价值观，通过文史典籍的学习熏陶浸染，从古代精华中抽取文化精髓、以耳提面命的言传或以身作则的榜样教育保证了钱氏子弟知礼明理。所以家庭教育的目标首先要确立准确，对子女德性的培养要重视，对子女德性培养的内容要明确。其次，更需要良好的教育技术和资源做保障，这就是钱氏家庭教育成功延续的原因。现代家庭教育中，可以借鉴钱氏家庭教育德性修养的内容，例如钱氏重修德性中的为国的担当、责任以及情怀，这样的爱国主义教育可以学习，为人的淡泊名利和谦虚坦率这样的优秀品质可以作为自己家庭教育德性培养的内容。现代学生中，这方面出现了一些问题，例如爱国意识与民族观念淡漠、骄傲懒惰、不思进取等。这些不好的现象出现的原因某种程度上就可以追溯到家庭教育中，所以钱氏家庭教育中如何进行德育，以及德育的内容对现今的父母可以说是有非常重要的启示。教育的目的在培养人，现今家庭中德育的缺失，家长对成绩和升学的过度追求，过分对才的看重，或许钱氏家庭中对子弟重德不重名却各个都取得成绩这样的情形可以给现代家庭带来许多深思。

2. 整合资源培养能力

一个具有许多教育资源的家庭，如何更好地传承给子孙？一个不具有太多文化和物质资源的家庭，又如何将孩子培养成才？这可能是每个家庭都希望解决的问题。在钱氏家庭教育中，教育方法是一个值得深究的部分，他到底是如何做到的？虽然在方法分析中，有老生常谈的言传身教爱教结合等，但必须着重注意的是钱氏在家教中对资源的整合。钱氏从近代以来，在物质上的资源并没有那么丰富了，一直维持的是一个清贫文人的作风，对子弟的教育也多在沿袭一个传统文人的培养之路，仔细分析钱氏所具有资源主要还是钱氏本身具有的，比如深厚的文化积累、联合家庭中的团结以及一个家庭中资源的最优配置，在家庭中，家庭成员间便形成一个家庭教育网络，从一个孩子的出生：母亲或兄长启蒙、家族叔伯教授、父兄严格再到塾师。在钱氏子弟没进学堂之前的家庭教育都处于一个井然有序并保证效果的状态(幼教都十分严格)，进了学堂，家庭教育会再做补充，将自身具有的文化资源发挥到了极致，在严格要求中一代超越一代。而且，前文分析过锺书选择的几个学校，以及基博基厚前后跟过的几位老师，可以看出，他们的学校(私塾)教育，其实都在家庭教育的基础上做扩充，家教和学校教育在内容上可能相交叉，但效果是互补的。二者相辅相成，家校一致保证教育的效果。

这样的教育定位本身同现代许多“交给学校自己便不管了”“学好学坏学校占大头，孩子都学校搁着”这样的家长甩手观念都是完全不同的。而且教育目标的确立是一个前提性的问题，钱氏家庭教育中，要将孩子培养成什么样的人，具有什么样的品质这些都是明确的，也正是因为目标明确，所以可以及时在家校教育之间做协调以达到最佳的效果。

另外，钱氏家庭教育中教育内容在德性之外，同时也注重学习能力的培养，文史教育或许带着传统文化世家的偏好，而学习能力的关注便是可以直接借鉴的地方。钱氏家庭教育中有很多子弟能力教育中的思路上的训练或要求其思路独特等，现代家长可以把这种培养思路、眼界和解决问题的能力教育等贯穿于子女生活的方方面面。钱氏夹竹桃教育中一个重要的部分就是在对子弟的学习能力的培养上很用心，而对于学习能力的培养主要贯穿于文史教育及德性修养的具体内容中。钱氏家庭的子弟在家庭接受熏陶和直接的言语或行为上的影响时候，钱氏中长辈更加注重其学习能力的养成上，这也是后面为什么在战乱频繁的近代钱氏子孙依旧不废诗书，在教育资源缺乏的时候还能取得那么多成就。学习能力中，善于思考、逻辑性强、批判性强和自学能力比较重要。就自学能力来说，钱锺书学英语，受其父和叔父的影响，形成一种观念，认为上课用的教科书是教师编写的，只有英语原著才是纯正英语，所以在中学读了《圣经》《天演论》等许多哲学文学原著，到初三，他的英文成绩已经位居榜首了。[①] 锺韩“对老师尊重而不唯命是从，听课在于抓住难点”，他后报考交大，许多科目都是自学成才的，到了交大新课因为自学过也显得容易，因为他已经把握住了这些课程的基本路子。这类例子很多，足见其自学能力之强，而这样的能力，也在父兄传递中一代一代的沿袭下去。这也是钱氏家学不灭，人才不断的原因吧。

3. 家庭和谐爱教结合

在钱氏家教中，爱教结合是其中一个重要的方法，如何教子，贯穿于钱氏家庭教育培养德性文史教育的方方面面，强调言传身教，为子孙的发展整合资源，这些都是钱氏教子的表现。另一个方面，钱氏家庭和睦，不仅表现在夫妻和睦，兄友弟恭还表现在父慈子孝。长辈晚辈之间相处和谐，正如杨绛所记，钱锺书“虽然从小怕爹爹，父子之情还是很诚挚的。他很尊重爹爹，也很怜惜他”[②]。父子之间通信等也都可以很明显看出来。长辈对晚辈的这种亲近在前文“恭顺有爱于家”已经做过详细解述，此处不再赘述。钱氏正是将爱教结合使用，使得钱氏子孙在一个和睦的家庭环境中健康成长。钱氏家庭作为一个传统家庭，却没有男尊女卑等陋习。钱氏家庭和谐的环境对钱氏子弟的成长有很大的作用。夫妻恩爱、兄友弟恭、父子有亲，一个传统而又完美的联合家庭，对钱氏子弟的才德、心理的发展都有很大的影响。在一个家庭中，父母如何教育孩子是技术问题，父母秉承什么观念教育就不是纯粹的方法论问题了。而钱氏家庭教育中，有一个原则便是爱教结合，这种观念其实从古至今都有，中国古代爱子更重视教子，这方面的言论许多，前文已述，不再赘言。现代关于这个问题，研究将父母管教类型分为了四种类型：权威性父母、专制型父母、娇宠型父母和冷漠型父母。而钱氏家庭并不单纯属于这四种某一类，从“恭顺有爱于家”以及“爱教结合”两部分内容就可以很明显看出来，钱氏家庭中，长辈对晚辈在学业和为人上的严格要求中伴随的是足够的关心、理解和欣慰。材料不乏锺书父子、锺韩父子之间的温情互动。钱氏家庭中的父子、兄弟、叔侄等之间的感情，完成符合于传统中要求的兄友弟恭父慈子孝，而现代中许多亲情淡漠、啃老等这些社会现象，未尝同传统的废失毫无关系。可见，传统中一些因素，还是有很多可以作为现代家庭教

① 孔庆茂．丹桂堂前：钱锺书家族文化史[M]．武汉：长江文艺出版社，2000：43.

② 杨绛．我们仨[M]．北京：生活·读书·新知三联书店，2003：11.

育的养分，而钱氏家庭教育，便可以作为一个很好的借鉴对象。

参考文献：

[1]钱基博．钱基博自传[J]．江苏研究，1935(1).
[2]曹毓英，选编．钱基博学术论著选[M]．武汉：华中师范大学出版社，1997.
[3]刘梦溪，主编．中国现代学术经典：钱基博卷[M]．石家庄：河北教育出版社，1999.
[4]傅宏星．钱基博年谱[M]．武汉：华中师范大学出版社，2007.
[5]傅宏星，主编．钱基博集：序跋合编[M]．武汉：华中师范出版社，2014.
[6]钱基厚．孙庵老人自订五十以前年谱[M]．北京：北京图书馆出版社，1943.
[7]钱基厚．孙庵年谱[M]．无锡：自印本，1912－1948.
[8]陆阳，编．孙庵私乘[M]．北京：团结出版社，2016.
[9]刘桂秋．无锡时期的钱基博与钱锺书[M]．上海：上海社会科学院出版社，2004.
[10]孔庆茂．钱锺书[M]．北京：中国华侨出版社，1998.
[11]爱默．钱锺书传稿[M]．天津：百花文艺出版社，1992.
[12]孟语嫣．沉默与空白：钱锺书传[M]．北京：民主与建设出版社，2014.
[13]汤晏．一代才子钱锺书[M]．上海：上海人民出版社，2005.
[14]牟晓朋，范旭仑．记钱锺书先生[M]．大连：大连出版社，1995.
[15]吴泰昌．我认识的钱锺书[M]．上海：上海文艺出版社，2005.
[16]李洪岩．钱锺书与近代学人[M]．天津：百花文艺出版社，2007.
[17]杨绛．我们仨[M]．北京：生活·读书·新知三联书店，2003.
[18]杨绛．杂忆与杂写[M]．北京：生活·读书·新知三联书店，2003.
[19]杨绛．将饮茶[M]．北京：生活·读书·新知三联书店，2015.
[20]毛荣方，编．钱锺韩教授文集[M]．南京：东南大学出版社，1994.
[21]张仲超，编．钱氏家训[M]．北京：线装书局，2010.
[22]孔庆茂．丹桂堂前：钱锺书家族文化史[M]．武汉：长江文艺出版社，2000.
[23]孔庆茂．丹桂满庭芳：无锡钱氏家族文化评传[M]．郑州：郑州大学出版社，2013.
[24]李最欣，主编．吴越钱氏家族文化研究[M]．济南：齐鲁书社，2010.
[25]邹小芃，等．两浙第一世家：吴越钱氏[M]．北京：中国文史出版社，2006.
[26]池泽滋子．吴越钱氏文人群体研究[M]．上海：上海人民出版社，2006.
[27]中国人民政治协商会议江苏省委员会，编．江苏文史资料选辑[M]．南京：江苏人民出版社，1981.
[28]政协江苏省无锡市委员会文史资料研究委员会，编．无锡文史资料[M]．无锡：政协江苏省无锡市委员会文史资料研究委员会，1980.
[29]郑全红．中国家庭史：第五卷　民国时期[M]．广州：广东人民出版社，2007.
[30]林耀华，金翼．中国家族制度的社会学研究[M]．北京：生活·读书·新知三联书店，2000.
[31]郑伟志，编．近代中国家庭的变革[M]．上海：上海人民出版社，1994.

[32]马镛. 中国家庭教育史[M]. 长沙：湖南教育出版社，1997.
[33]党明德，何成，主编. 中国家族教育[M]. 济南：山东教育出版社，2005.
[34]舒新城，编. 中国近代教育史资料[M]. 北京：人民教育出版社，1981.

后　记

时光荏苒，岁月如梭，倏忽间，担纲中国教育史教职已十余年了。在此过程中，每看到学生们撰就的中国教育史研究佳作，既倍感欣慰，亦由衷赞叹，同时也萌生了有机会精选学生文章结集出版的愿望。而今，这一愿望终于达成，内心的几多感慨与欣喜，自是不言而喻的。

任何一项有价值工作的成就，都离不开大众持续不懈的努力付出和齐心协力的精诚合作，本书的编就和出版，亦得益于此。

感谢为本书的编选提供文章的张文宇、陈雨、贺虞瑶、王子聪、王春雨、方家辉、张睦函、张可煜、康智钰等诸位首都师范大学教育学院的本科生们，你们所贡献的杰出才智和辛勤劳动，为本项工作的顺利完成奠定了坚实基础。

感谢张爽、张菁、蔡春、朱晓宏、李惠清、胡玮、彭印等首都师范大学教育学院的各位领导和老师们，你们所给予的大力支持和无私帮助，有效地推动了本项工作的圆满告成。

感谢首都师范大学出版社的编辑老师，你们精益求精的工作态度以及所提供的智慧而又专业化的指导和建议，为本书的顺利出版发挥了不可或缺的作用。

感谢我的研究生郭金粘同学，在炎炎夏日中，为出版事宜四处奔波忙碌，你的助力也已融凝在本项工作的告竣之中。

孔子曰："后生可畏"；庄子云："薪火相传。"中国优秀传统文化与教育之赓续、发扬与创新的根本力量在于青年学子，而青年学子们亦将勇担重任、不负所托。对此，我们信心十足，满怀期望！

文集付梓，略赘数语，是为后记。

杜钢

2019 年 8 月 3 日